2	応用ファイナンス講座
	森平爽一郎・小暮厚之 [編集]

応用経済学のための
時系列分析

市川博也 [著]

朝倉書店

はじめに

　本書は応用経済学，現代ファイナンス理論，統計学，時系列計量経済学の分野でみられる最近の研究成果を横断的に，できるかぎり平易に解説することを目的としている．読者としては，学部生，大学院生，時系列以外の分野の研究者，金融機関などのファイナンス関連実務家，官庁エコノミストを想定している．本書を読むにあたって時系列関連の予備知識は必要としていないが，学部程度の統計学の知識を前提にしている．

　時系列分析の対象は実に広範囲にわたる．本書の対象とするマクロ経済変数や為替レート，株価などの経済・金融データにとどまることなく，気象データ，地球・宇宙科学データ，医学・生物学データなどを対象とする分析が行われている．人間がさまざまな現象を理解するために用いるデータはすべて不確実性を伴っており，しかもデータどうしが互いに影響を及ぼし合いながら変動している．こうしたデータの動態的な現象を解明し変動の予測を行い，また変動を制御することが時系列分析であるといわれる．

　応用経済学，現代ファイナンス理論の分野で時系列分析が世界の注目を集めたきっかけは，2004 年の Robert F. Engle ニューヨーク大学教授と W. J. Granger カリフォルニア大学教授のノーベル経済学賞受賞であろう．従来の古典的計量経済学の枠組みを越えた両教授の貢献の一部は，本書第 9, 10 章で説明する ARCH 型モデルである．このほかの重要な貢献は，共和分分析の精緻化にある．残念ながら，共和分分析については紙面の制約から本書では取り上げていない．初等的な説明については，内容的に本書の姉妹本である『PcGive による時系列分析入門』（日本評論社，2006）を参照してもらいたい．

　現代ファイナンス理論の発展に加え，金融市場から得られる大量なデータの処理能力が向上して金融工学の著しい発展がみられるようになり，時系列分析はもはや統計学者だけのものではなく経済学者，ファイナンスの実務家，時価会計学

の実務家，経営判断指標を活用する経営者にとってきわめて重要な存在になってきている．しかしながら，時系列分析，現代ファイナンス理論，応用経済学，時価会計への応用を，バランスのとれた形で平易に1冊の書物にすることは容易ではない．時系列分野の文献は依然として高度に技術的であり，計量経済学の文献は補足的に時系列分析を加えたものが多い．他方，現代ファイナンス理論と金融工学は著しく高度化・技術化し，数理ファイナンスの文献のほとんどが専門家を対象にした抽象的・技術的なものである．大学，大学院，研究所，企業，国際機関の専門家たちも，広範囲にわたる最新の時系列研究領域の動向を系統的に理解することがますます困難になってきているのではないだろうか．本書の刊行の意義がいささかでもあるとすれば，まさにこれらの間隙を埋めることにある．

本書では細部にわたる技術的な説明をできるだけ避け，直感的な理解が得られるように配慮したつもりであるが，著者の非力で所期の目的を十分に達成できなかった部分があるのではないかと懸念している．

第1章は時系列変数の特徴を簡単に説明したものである．第2章では1変量時系列分析，自己相関関数，自己回帰（AR）モデル，ランダムウォークモデルなどについて，時系列分析の初学者でも理解できるように解説した．第3章では統計学の基礎的な概念を復習している．第4章では定常な時系列変数について説明し，応用経済学分野の例として，拡張的な財政政策が経済成長を高めるか否かの検証を行っている．第5章は時系列分析の中級レベルのもので，Dickey-Fuller検定を比較的ていねいに説明したつもりである．第6章は1変量時系列モデリングを扱っていて，移動平均（MA）モデルとARモデルの関係が説明されている．ARMAモデルの具体的な推計例もあるので，読者は具体的に理解することができるだろう．第7章は「Markowitzの平均・分散モデル」として知られる現代ポートフォリオモデルについて説明している．第7～10章は現代ファイナンス，金融工学における研究と時系列分析が不可分である点を説明することを目的としている．第9章はボラティリティ変動モデルであるARCHモデルについて解説している．第10章はARCH型モデルのさまざまな拡張モデルを理解するために，上級レベルの読者向きに用意した具体例である．第9, 10章はデリバティブ取引のオプション価格を決定する理論を理解するうえで重要である．オプションの仕組みについては多くの文献があるが，時系列分析との関連での説明に力点をおいたのが本書の特徴である．

はじめに

筆者が時系列分析に本格的な関心をもったのは，2002年のサバティカルをオックスフォード大学で過ごしたときである．ナッフィールド・カレッジでのD. F. Hendry教授，J. A. Doornik博士らとの遭遇が決定的であった．その他，S. J. Koopman教授，A. C. Harvey教授，N. Shephrad博士らとの交友が大変な知的刺激となったことを記しておきたい．

筆者は奉職する上智大学に移籍するまで，二十数年間経団連に身をおき，日本経済界の指導的立場におられる方々から直接薫陶を得る機会に恵まれた．「怒号」と渾名された土光敏夫会長時代の「行政改革」「市場開放」の仕事は，いま思い出してもぞくぞくする．温厚で知的な平岩外四会長のもとでの地球環境問題の取組みも大きな仕事であった．豊田章一郎会長時代には「橋本通産大臣-カンターUSTR代表の通商交渉」でクライマックスに至る日米貿易摩擦問題などによって昼夜なしの日々であった．筆者が本書を書く動機の萌芽は実はこの時代にさかのぼる．

1990年初頭のバブル経済の崩壊から不良債権問題の解決に手間取った1990年代は，事態の本質をきちんと理解していた人がほとんどいなかったのではなかろうかというのが筆者の感想である．不良債権問題が「住専問題」として浮上し始めた1990年初頭は，日本の金融機関に対する不信感が国際経済社会に充満し，「日本プレミアム」問題が起きた．1995年の暮れ，豊田経団連会長を団長とする使節団が欧州を訪れ，各国首脳に「日本経済ならびに金融システムは安泰である」ことを説いて回ったのはこうした背景からであった．筆者はこの使節団のオーガナイザーであった．本書の校正終了寸前に「あの当時は誰もなにもわかっていなかったな」という感慨を，豊田氏が偶然筆者に漏らされた．まさに本書執筆の動機は，この豊田氏の言葉に表されている．時系列分析とファイナンス，金融工学が重なり合う分野でのわが国の学問的な知識の集積は当時，欧米にはるかに遅れをとっていたのである．国際的に瞬時に移動する資本論理にわが国はいまだ十分に追いついていない．この分野での理解をもつ経済界の人材育成が早急に望まれる．学問をする大学人の世界においても同じことがいえる．時系列分析の意義をグローバル化した国際経済の文脈で考えるとき，日本のデリバティブ取引の想定元本の規模は国民総生産をはるかに上回り，東京証券取引所株式時価総額を大幅に上回るという事実を指摘するだけで十分であろう．

近年，資産・デリバティブへの時価会計・リスク管理が唱えられているが，こ

の背景にある時系列分析と現代ファイナンス理論の基礎原理を理解する必要がある．第10章でRisk Metrics^{TM}を説明しているが，これはJPモルガン銀行が経営指標として世界で最初に導入したものであり，24時間以内に起こりうる損失額を全世界，全商品にわたり一覧するというニーズから生まれたものである．VaR（value at risk）との関連で本書が参考になれば幸いである．

最後に，本書を著すに至るまでにいろいろお世話になった方々にお礼を申し上げたい．慶應義塾大学学部時代の理論経済学のセミナーの千種義人教授，大学院での福岡正夫名誉教授，大熊一郎教授，ビクトリア大学時代の「ヘクシャー・オーリン定理」などの国際貿易理論実証研究 Ph. D. 論文の審査員であった H. G. Johnson 教授，M. C. Kemp 教授らへの学恩に謝したい．そして，用語解説を読者の便宜のために巻末においたが，これらの作業を含め朝倉書店編集部にたいへんお世話になった．また，第1～5章には『PcGiveによる時系列分析入門』と一部重なるところがある．ここにこのような形で再掲することを快諾してくださった日本評論社に感謝申し上げる．さらに，第10章は Laurent, S. and Peters, J. P., *Estimating and Forecasting ARCH Models Using G@RCH*（Timberlake Consultants, 2006）の演習を紹介している．ここにTimberlake社ならびに上記2名の著者に対してお礼を申し上げる．

本書のカバーする分野は奥行きの深い高度な科学の分野である．1人でも多くの読者が本書を契機に本格的な勉強に進まれることを願う．

2007年1月　鎌倉の寓居にて

市　川　博　也

目　　次

1. **時系列変数の特徴** ———————————————————————— *1*
   1.1 過去を記憶している実質GDP　*2*
   1.2 自己相関という概念　*4*
   　1.2.1 自己相関係数　*4*
   　1.2.2 視覚的にみた定常過程と非定常過程　*5*
   　1.2.3 経済理論の変数は定常過程　*6*
   1.3 データが生み出される確率構造　*7*
   　1.3.1 定常過程の定義　*8*
   　1.3.2 時系列データの平均値と非定常性の問題　*8*
   1.4 分布ラグモデルにおける非定常な変数と回帰分析　*8*
   　回帰分布と分布ラグモデル　*9*

2. **分布ラグモデルの最適次数** ———————————————————— *11*
   2.1 Exelによる分布ラグモデルにおけるラグの最適次数の決定方法　*11*
   2.2 分布ラグモデルの難点と1変量時系列分析　*13*
   　2.2.1 1変量時系列分析と階差　*14*
   　2.2.2 定常過程，非定常過程の初歩的定義　*15*
   2.3 コレログラムと自己相関関数　*15*
   2.4 自己回帰（AR）モデル　*16*
   2.5 非定常と単位根の概念　*18*
   2.6 ランダムウォークモデルと日経平均株価指数の推定　*19*
   　日経平均株価指数モデルの推計とグラフ検定　*21*

3. **統計学の基礎的概念と単位根検定** ————————————————— *24*
   3.1 時系列モデル推計のルール　*24*

3.2 単位根を無視した OLS 推計例　*25*
3.3 単位根を含む回帰式の残差項の分布　*26*
3.4 Dickey-Fuller 検定の概念　*27*
3.5 2 変数 CONS と DCONS による統計学の基礎概念の復習　*27*
3.6 自己回帰分布ラグ　*30*
3.7 単位根検定の基礎的な説明　*32*
3.8 ADF 検定と DF 検定　*34*

4. 定常な時系列変数と長期乗数 ——————————— *37*

4.1 決定的確率過程　*37*
4.2 階差定常とトレンド定常　*38*
4.3 決定的トレンドを含む AR(p) モデル　*39*
4.4 決定的トレンドを含む AR(p) モデルの検定　*39*
4.5 自己回帰分布ラグモデル　*41*
4.6 時系列変数 X, Y がともに定常的であるときの ADL(p, q) モデルの回帰分析　*42*
4.7 時系列分析の長期総乗数の概念　*42*
4.8 仮想的長期乗数の計算例——PC 導入による販売促進実績効果測定——　*43*
4.9 拡張的財政政策は経済成長率を高めるか？　*45*

5. Dickey-Fuller 検定と単位根の検定問題 ——————————— *48*

5.1 単位根問題の概要　*49*
5.2 時系列変数のシステム的ショック——弱定常性——　*49*
　5.2.1 2 つのタイプの非定常過程　*50*
　5.2.2 ドリフト付きランダムウォークモデルにおける非定常性　*51*
　5.2.3 確率的非定常過程　*51*
　5.2.4 トレンド定常過程　*53*
　5.2.5 トレンド定常と階差定常　*53*
　5.2.6 決定的非定常と確率的非定常を含む一般的モデル　*53*
5.3 d 次の和分　*55*
5.4 Dickey-Fuller 検定　*55*

3 種類の τ 検定　56
　5.5　Dickey-Fuller 検定の臨界値と t 分布の臨界値の比較　57
　　　5.5.1　非定常過程のドリフト付きランダムウォークモデルの単位根検定　58
　　　5.5.2　定数を含むモデルの単位根検定　58
　　　5.5.3　非定常な決定的トレンドモデルの単位根検定　59
　5.6　補強された Dickey-Fuller 検定　59
　5.7　PcGive による名目円・ドル為替レートの単位根検定の例　60
　　　5.7.1　グラフ分析　61
　　　5.7.2　標準平均，標準偏差，相関行列　62
　　　5.7.3　正規性検定　62
　　　5.7.4　コレログラム分析　64
　　　5.7.5　単位根検定　65
　　　5.7.6　3 つのモデルによる単位根検定　66
　5.8　3 つのモデルによる単位根検定の具体例　67
　　　5.8.1　定数モデル　67
　　　5.8.2　定数＋トレンドモデル　69
　　　5.8.3　定数，トレンドを含まないモデル　69

6. 1 変量時系列モデリング ─────────── 71

　6.1　移動平均（MA）モデル　71
　6.2　AR(p) モデルの定常性の条件と MA(∞) モデル　74
　6.3　特性方程式の根　75
　6.4　Wold の分解定理　75
　6.5　偏自己相関　77
　6.6　反転可能性の条件　78
　6.7　ARMA 過程　79
　6.8　自己相関，偏自己相関のグラフ　80
　6.9　EViews による日経平均株価指数の ARMA モデル　82
　　　6.9.1　EViews によるコレログラムの出力　82
　　　6.9.2　日経平均株価指数の連続複利変化率のコレログラム　84

    6.9.3　モデルの次数を決定するための情報量規準　*85*
    6.9.4　日経平均変化率のARMAモデル――36個のモデル推定結果――　*86*
  6.10　Box-Jenkinsの方法　*88*
  6.11　ARIMAモデルと状態空間モデル（カルマン・フィルタ）　*89*

7. ポートフォリオモデル ――――――――――――――――――― *91*
  7.1　ポートフォリオモデルの基本的な計算手順　*91*
  7.2　2つのリスク資産（株）から構成されるポートフォリオの期待収益率　*94*
  7.3　ポートフォリオのリスク計算　*95*
  　　　ポートフォリオのリスク計算　*96*
  7.4　ポートフォリオの比率を変えた場合　*97*
  7.5　機 会 曲 線　*98*
  7.6　分散投資の利益　*100*
  7.7　最小分散ポートフォリオ　*101*

8. 市場モデルと効率的市場仮説 ――――――――――――――― *103*
  8.1　3つの資産があるときの有効フロンティア　*104*
  8.2　ポートフォリオの分離定理　*105*
  8.3　資本市場線　*106*
  8.4　ベータと投資戦略　*108*
  8.5　ベータの計測問題と不均一分散，単位根問題　*109*
  8.6　Jensenの実証研究――Jensen's アルファ――　*111*
  8.7　英国の実証研究　*112*
  8.8　過剰反応仮説　*113*
  8.9　資本資産価格決定モデル（CAPM）　*116*
  8.10　裁定価格理論――APTモデル――　*118*
  8.11　シングルインデックスモデル（SIM）の推計問題　*119*
  8.12　CAPMのテスト　*121*
  8.13　CAPMの直接的検証法　*122*
  8.14　Black, JensenならびにScholesの研究　*123*

9. ボラティリティ変動モデル —————————————— 125

- 9.1 ARCH モデルの意義　*126*
- 9.2 ARCH モデルと資産価格のボラティリティ理論　*127*
  - 9.2.1 ランダムウォークモデル　*127*
  - 9.2.2 ドリフト付きランダムウォークモデル　*127*
  - 9.2.3 ボラティリティとリスク　*128*
  - 9.2.4 ボラティリティの定義　*129*
- 9.3 円・ドル為替レートの動きとボラティリティ　*130*
  - 9.3.1 ボラティリティ・クラスタリング　*130*
  - 9.3.2 株価収益率や為替レートのリスクである条件付き分散の予測　*132*

10. G@RCH による ARCH 型モデルの拡張と応用例 —————— 134

- 10.1 拡張された ARCH 型モデルの概観　*134*
- 10.2 ARCH 型モデルの推計　*136*
  - 10.2.1 ナスダック株式指数日次データとボラティリティ・クラスタリング　*136*
  - 10.2.2 ナスダック株式指数収益率の残差項分布　*137*
  - 10.2.3 ナスダック株式指数収益率の残差項の自己相関関数　*138*
- 10.3 ナスダック株式指数収益率の記述統計量　*139*
- 10.4 条件付き平均の特定化　*141*
  - 10.4.1 ARMAX(n, s)モデル　*141*
  - 10.4.2 ARFIMA(n, ζ, s)モデル　*141*
- 10.5 条件付き分散モデルの特定化— ARCH-M —　*142*
- 10.6 ARMA$(1,0)$-GARCH$(0,1)$の特定化モデルの推計　*144*
  - 10.6.1 モデルの推計　*144*
  - 10.6.2 グラフによる検定　*146*
  - 10.6.3 モデルのミススペシフィケーションテスト　*146*
  - 10.6.4 モデルの予測　*148*
- 10.7 GARCH モデル　*149*
- 10.8 レバレッジ効果と非対称 GARCH モデル(1)— EGARCH モデル—　*152*

10.9　非対称 GARCH モデル(2) — GJR モデル —　*155*
10.10　APARCH モデル　*156*
10.11　IGARCH モデル　*158*
10.12　RiskMetrics${}^{\text{TM}}$　*158*
10.13　FIGARCH モデル　*160*

参 考 文 献 ————————————————————————*162*
用 語 解 説 ————————————————————————*166*
索　　　引 ————————————————————————*168*

1
時系列変数の特徴

　第1〜4章は,**時系列分析の基礎**として,時系列分析にまったくなじみがない読者を対象にしており,専門的な概念を平易に解説する.第1章では時系列分析の特徴と主要な概念をマクロ経済変数を用いて説明し,第2章では分布ラグモデルについて述べる.第3章では統計学の基礎的概念と単位根テストについて説明し,第4章では自己回帰モデルの長期の乗数の理論を用いて,現実の日本経済を分析する.ここでは「財政支出の継続的な拡大が経済成長率を高めるか?」という命題を検証し,時系列分析が容易に現実の政策論に活用できる可能性を示唆する.

　大まかな理解が一応できた読者がその後,本格的な時系列分析を実践するには,ある程度きちんとした理論的な側面の理解が不可欠である.これには,第5,6章が準備されている.この2つの章では時系列分析の中級レベルを意識して少し技術的な理解を得られるように説明する.

　第7章以降では**ファイナンスのための時系列分析**として,時系列分析のファイナンス分野への応用例を中心に説明する.第7章ではポートフォリオモデルの基本的な考え方を示し,第8章では,市場モデルと効率的市場仮説について,実証研究例を用いて解説し,ベータの計測方法,CAPMの推計方法について触れる.第9章ではボラティリティ変動モデルについて基礎的な説明を行い,第10章では変動モデル推計の専門ソフトG@RCHを用いて多様なARCH型モデルを紹介する.ここで用いられる推計例は,G@RCHの開発者ならびにTimberlake

Consultants UK 社の許可を得て，G@RCH のマニュアルの例を引用したものである．これは，実務的な応用に興味のある読者の期待に応えうるものと思う．

　マクロ経済学をはじめ金融工学などが対象とする多くの分野では，「時系列データ」と呼ばれる統計データを用いた回帰分析が行われている．この時系列データを用いた回帰分析においては，クロスセクションデータを用いた回帰分析では直面しないいくつかの重要な問題が発生することが知られている．本章では，時系列変数の特徴について平易かつ視覚的に説明する．

　1.1 節では時系列データには，過去の数値を長く記憶するものと，株価のように直前の過去の値ですら記憶していないものがあるという点を説明する．1.2 節では定常過程，非定常過程について述べる．1.3 節では時系列データが生み出される確率構造の考え方について説明する．1.4 節では分布ラグモデルにおける回帰分析の重要ルールを示す．

1.1　過去を記憶している実質 GDP

　代表的な時系列変数として実質 GDP（gross domestic product，国内総生産）と株価を取り上げてみる．

　実質 GDP の統計は過去を記憶していて，メモリーとしての過去の水準値から大きく乖離しないという特徴がある．図 1.1 は，日本経済の実質 GDP を 1970 年第 1 四半期～2001 年第 1 四半期まで対数でプロットしたものである．四半期データであるために四半期ごとの季節変動があるが，総じて右上がりに推移している．しかし，図の右端にいくほど「失われた 10 年」と呼ばれる日本経済の近年の不振を示しており，グラフは水平に推移している．実質 GDP の動きは，総体

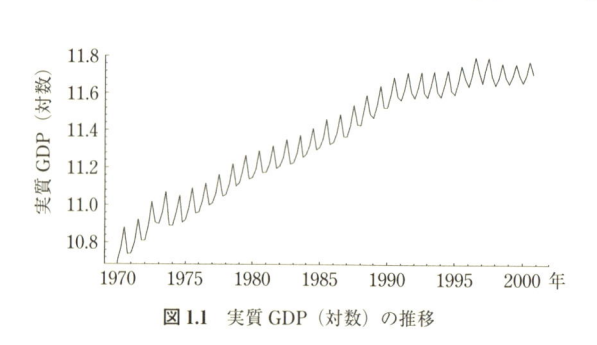

図 1.1　実質 GDP（対数）の推移

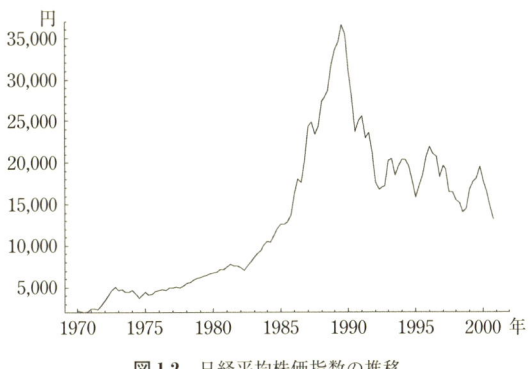

図 1.2　日経平均株価指数の推移

的にみると，過去の値を大きく下回るようなことはなく，一度達成した過去の水準を絶えず上回るかたちで推移しているようにみえる．つまり上昇トレンド (trend, 趨勢) が明確なかたちで読み取れる．これと対照的な動きを示す時系列データに株価がある．図 1.2 は日経平均株価指数（日経 225）をプロットしたものである．日経平均株価は 1990 年初頭にピークに達し，バブル崩壊により減少している．株価の騰落は GDP のそれよりも不規則で激しい．株価の動向は過去のメモリーに引きずられることはないようである．

次に，GDP の対前期成長率と日経平均株価指数の対前期変化率のグラフをみてみよう．図 1.3 は GDP の成長率，図 1.4 は日経平均株価指数の変化率の推移を示したものである．図 1.3 の動きをみると，t 期の経済成長率と 1 期前，すなわち $t-1$ 期の成長率との間には相関関係がみられない．GDP の成長率は正値，負値を交互に繰り返しながら安定した振幅を示している．図 1.4 の日経平均株価指数の対前期変化率のグラフをみると，やはり t 期とその 1 期前，すなわち $t-1$ 期の対前期変化率との相関関係はみられない．さらに，不規則な振幅が目立つ．

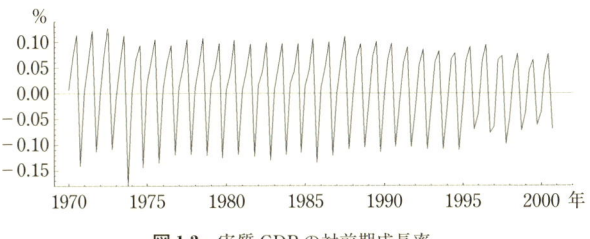

図 1.3　実質 GDP の対前期成長率

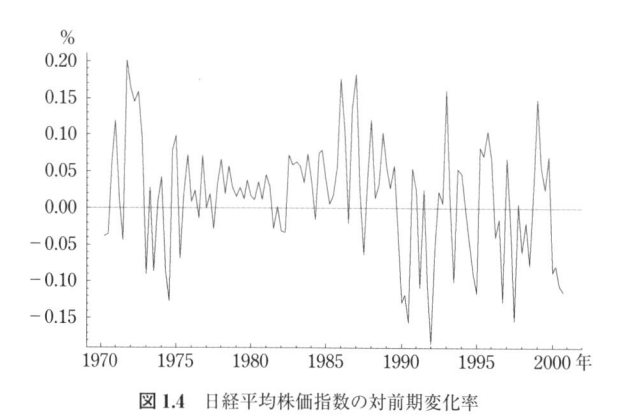

図 1.4　日経平均株価指数の対前期変化率

株価の動きのより詳しい特徴については第 2 章で取り上げる.

1.2　自己相関という概念

1.2.1　自己相関係数

いま t 期の GDP と, $t-1$ 期, $t-2$ 期, $t-3$ 期, …の GDP 間のそれぞれの相関を自己相関係数というかたちで表してみると図 1.5 のようになる. 図 1.5 は現在 t 期の GDP と自分の過去の値との相関係数を縦軸で示し, 横軸に 1 期前, 2 期前, …という時間のずれ（ラグ）を示したものである. 時間のずれには「ラグの次数」という表現を用いる. ラグ次数 1 は 1 期前を意味する. 図 1.5 をみると, 20 四半期前, つまり 5 年前の GDP 水準と, 現在の GDP 水準との相関係数がおよそ 0.6 とかなり高い. つまり, GDP 水準についてみると, 5 年前の自分の過去の値を

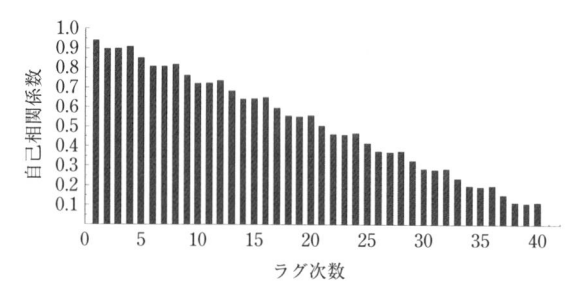

図 1.5　実質 GDP の自己相関係数

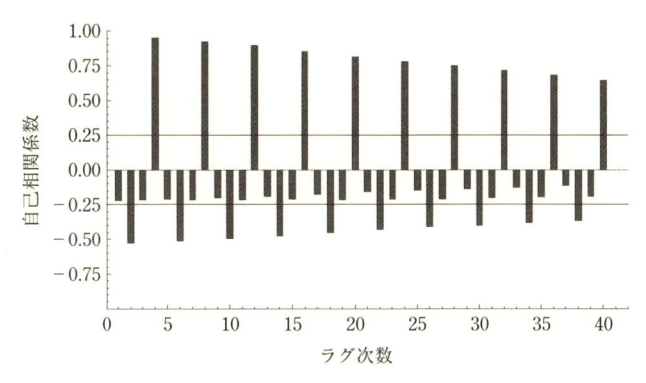

図1.6 GDP対前期成長率の自己相関係数

記憶している時系列変数であると考えられる．

他方，GDPの対前期変化率の自己相関係数を図1.6に示す．t期と$t-4$期，$t-8$期，$t-12$期など，つまり1年前2年前などの同じ四半期どうしの間での相関係数は高い．これはたとえば，年末，クリスマスを含む四半期や夏を含む四半期では季節的な要因があるため，対前期変化率が同じ四半期間では相関があるということを示す．t期とその1期前の$t-1$期間では相関が低い．つまり，GDPは過去を覚えているが，GDP成長率の時系列は前期の記憶を忘れてしまう性質があることがわかる．四半期ごとにGDP統計が発表されるが，実質GDPにおける四半期ごとの伸び率のアップ・アンド・ダウンに一喜一憂しても，次期の経済成長率を占うにはあまり参考にならないことがこれで理解できよう．このような意味で，$t-1$期の経済成長率の値を知ったときに，これをベースにしたt期の経済成長率の予測はほとんど意味がない．

1.2.2　視覚的にみた定常過程と非定常過程

1.2.1項で説明した時系列データのうち，実質GDPは「非定常過程」にあるという．他方，実質GDP成長率のような動き方をする時系列変数は「定常過程」にあるという．ここでは，定常，非定常の厳密な定義をするのではなく，簡単な説明をまず行う．

時系列の経済分析では，この2つの性質はきわめて重要な性質である．現実の経済時系列データをみると，非定常過程にある変数はトレンドがあり，またその

トレンドの周りを変動している．図 1.1 の実質 GDP の動きはこれを典型的に示している．トレンドの変化とは，データの平均値が時間とともに変化することを意味し，したがって，トレンドの周りの変動の変化は平均値の周りの変動が時間とともに変化することを意味する．これは自己共分散が変化すると考えてもよい．いずれの場合も，時系列データにみられる非定常性の典型例である．他方，図 1.3 の GDP の対前期成長率は平均値の周りを規則的に変動していて，その振幅がしだいに減衰している．これは定常過程にある変数の特徴的な動きである．

1.2.3 経済理論の変数は定常過程

　時系列計量経済学が分析の対象とする変数は，定常過程か非定常過程にある．他方，通常の経済理論で考えられる変数は，両者の区別がなされないままに変数間の関係が分析されていることに注意する必要がある．換言すれば，標準的な経済学の教科書では，経済変数はすべて定常過程にあるとみなしているといえる．たとえば，標準的マクロ経済学教科書で扱う GDP，マネーサプライ，輸出，輸入，政府支出，投資，貯蓄，消費，利子率，為替レート，物価水準などはすべて定常な変数と想定され，分析が行われている．他方，実際のマクロデータを活用して経済の動きを理解しようとすると，この定常性の仮定は必ずしも満足されない．その結果，時系列データの特徴を無視した従来型計量経済学（古典的計量経済学）

『学問のすゝめ』と飯炊きのおばあさん

　福沢諭吉が『学問のすゝめ』を著したときには，「飯炊き」のおばあさんに草稿を読み聞かせながら，平易な表現で難しい内容を理解できるように文章を工夫したという話がある．本書の目的は，時系列分析にこれまで関心をもたれていなかった方々（特に，より多くの大学，研究機関の研究者，政府・企業関係者）が高度な，しかしユーザフレンドリーな時系列専門ソフトを用いて，時系列分析を実践に活用できるようになる，その「きっかけ」をつくることにある．したがって，難解な数学的証明をできるだけ省き，感覚的に時系列分析が経済分析との関連でいかなるものかを理解できるよう平易に説明することに努めた．しかし筆者の非力で特に本書後半の一部は，当初の目的が十分に達成されていないというご批判を受けることになるかもしれない．いずれにしても，本書は本格的に時系列分析を研究する前の準備体操的な役割を果たすものである．

に従った回帰分析で計測された推定値は，正しい値が得られていない可能性が高い．したがって，このような実証的研究成果を活用した政策提言も間違ってしまうことになる．1.3節で説明するように，時系列分析では，データの発生過程を確率論的にとらえようとする点で古典的な計量経済学と本質的に大きな違いがある．

1.3 データが生み出される確率構造

時系列分析の大きな特徴は，「データが生み出される過程あるいは構造に注目することによって，時系列のもつ変動特性における重要な情報が得られる」と考えるところにある．たとえば，実質GDPという時系列データを取り上げよう．単純なマクロ経済の理論では，閉鎖的な経済体系では貯蓄＝投資が均衡所得水準を決定するという理論構造をもっている．一方，時系列分析での基本的アプローチはこれとまったく異なる．時系列分析ではまず，実質GDPデータを生み出す背景にはなんらかの確率的構造があるのではないか，と想定することからアプローチするのが特徴である．各期ごとに観測される実質GDPの値の系列は，「同じ期間に，同じ経済メカニズムのもとで起こりえたであろうすべての系列の中の，1つの可能性が実現したもの」であると考える．ここは経済理論の世界ではなく，確率論の世界である．観測された実質GDPのデータの集合を $\{Y_t^*\}$ と表現すると，各時点 t で観測された Y_t^* は，確率変数である Y_t の実現値であると考える．つまり，われわれには実際に目で確かめることのできない，実質GDPを生み出す経済メカニズムあるいは構造が存在していて，目にみえないこの構造は，確率変数 Y_t の集合であると考える．このことは以下のように表現される．

$$\{Y_t^*\} = \{\cdots, Y_{t-2}, Y_{t-1}, Y_t, Y_{t+1}, Y_{t+2}, \cdots\} \tag{1.1}$$

このような確率変数 Y_t に対応して，それぞれ1個の観測値が得られる．たとえば，確率変数 Y_{t+1} に対応して観測値 Y_{t+1}^* が得られる．この確率過程は一般には $-\infty \sim +\infty$ の期間について定義され，永遠に続くものと考える．そのうちの特定期間について，観測値が得られることになる．このような接近法を用いて，時系列変数の特徴を語る情報を入手するのが時系列分析の基本である．

1.3.1 定常過程の定義

定常過程とは,「時系列データの確率的な性質は,時間の推移によって変化しない」と定義される.この定義によると,観測される時系列データの時間的変化の中には,繰り返し現れるものがあるということになる.このことから,時系列分析では時系列のもつ変動特性の情報が重要になる.極言すれば,時系列計量分析は定常過程をその基礎におくと考えてもよいであろう.したがって,非定常過程にある経済データは,なんらかの方法でトレンドを除去したり期間を分割したりして定常過程に近似させる操作を加え,あるいは後に説明する共和分過程などで分析する.これらはデータの変動特性を分析し,時間の経過とともにその構造が変化する時系列変数を直接,表現しようとする試みである.この点は,読み進むにつれて読者の理解がしだいに深まるはずである.

1.3.2 時系列データの平均値と非定常性の問題

時系列分析は単に時系列データを観測し,それを記述するだけにとどまらない.確率過程 (stochastic process) と呼ばれる確率的な構造を表現することがその本質的な特徴としている点についてはすでに述べたとおりであるが,実質 GDP のようなマクロの変数は,異常なデフレの期間を除けば,通常は時間の経過とともに安定的な増加傾向(トレンド)を示すのが普通である.つまり経済成長がある場合は,データの最初の期と最後の期では値が異なりうるので,実質 GDP の将来の予測値を得るために期間中の GDP 平均値を基準にしても,よい予測値が得られない.つまり,観測された各時点の実質 GDP に同じウエイトを与えるわけにはいかない.将来を予測するうえで,現実にはたかだか1組のデータしかないということは,確率変数 Y_t の1個のサンプルしか持ち合わせないということになる.

1.4 分布ラグモデルにおける非定常な変数と回帰分析

時系列変数を扱う最も簡単な分析道具として,ここでは最初に分布ラグモデルと呼ばれるものを取り上げてみる.読者は,この段階では非定常あるいは定常の意味を上でみた以上に厳密に理解しなくとも構わない.これらの概念は第2,3章でより具体的に説明し,第5章ではさらに厳密なかたちで解説する.ただ,定常

性と呼ばれる概念がなぜ重要であるかを理解するために，結論的に次のようなことを述べておくことが読者の今後の道しるべになるものと思われる．

- 非定常過程の変数があるときは，最小二乗法（ordinary least squares, OLS）を用いた回帰分析をしてはならない．

通常，回帰分析を行うには，非定常な変数を定常な変数に変換することが求められる．多くの経済学関連の分析でみられる回帰分析では，この基本ルールを無視したものが散見される．このルールを無視した回帰分析は信憑性のないものと判断されるので，レフェリーのいる学術誌ではこのような研究論文が審査を通らない．そのような意味でたいへん重要なルールである．ただし，以下に述べるようにこのルールが適用されない例外のケースがあることに留意しておかねばならない．

- 共和分（cointegration）と呼ばれる関係が回帰分析に用いられる変数間で成立しているときは，最小二乗法（OLS）による推計が許される．

この共和分の理論は経済学の最先端の分野で重要な役割を果たしつつある．このほか，地球温暖化を検証する研究においても共和分分析によるものが注目されはじめている．

回帰分析と分布ラグモデル

次のような関係を考えてみる．たとえば，t期の実質民間消費 Y_t は，その時点での実質GDP（X_t）と前期のGDP水準（X_{t-1}）に依存するとしよう．これを最も簡単に表現するモデルが分布ラグモデル（distributed lag model）と呼ばれるものである．これは次のようなかたちをした回帰方程式モデルとして表現できる．

$$Y_t = a + b_0 X_t + b_1 X_{t-1} + \cdots + b_q X_{t-q} + \mu_t \tag{1.2}$$

ここで，Y_t は被説明変数，$X_t, X_{t-1}, \cdots, X_{t-q}$ は t 時点，$t-1$ 時点,…,$t-q$ 時点での説明変数である．$a, b_0, b_1, \cdots, b_q$ はパラメータの係数で定数，μ_t は回帰方程式の誤差項（error term）である．この誤差項は，実質民間消費を決定する要因に，実質GDP以外のものがあるかもしれないことを考慮したもので，きわめて重要な項目である．実質GDP以外のすべての要因が μ_t に含まれていると考えるわけである．

分布ラグモデルの中に登場する変数が定常であるならば，最小二乗法（OLS）による回帰方程式の推計値は信頼に足るものと考えられている．このように分布

ラグモデルとは，被説明変数が1つの説明変数とその説明変数のタイムラグを伴った変数に依存するモデルのことである．右辺の変数はラグ付き変数（lagged variables）と呼ばれ，q はラグの次数（lag order）とかラグの長さ（lag length）と呼ばれる．説明変数が GDP 以外の変数を複数個含んでいても，分布ラグモデルは上でみたものと同じように考えることができる．この分布ラグモデルは回帰方程式の1つのモデルと考えられるので，回帰方程式の性質を共有している．読者は時系列データを用いて，分布ラグモデルを OLS 推計することができる．パラメータの係数，信頼区分，p 値（係数がゼロであるか否かの検定に用いる）を計算し，通常の統計学の方法，解釈を適用すればよい．第2章では，分布ラグモデルにおけるタイムラグの最適次数の決定方法について説明する．

2

分布ラグモデルの最適次数

　本章では，分布ラグモデルの最適次数決定の基本的な方法を解説する．厳密な説明は第6章で行う．2.1節ではExcelによるラグの最適次数の決定方法を説明し，具体的な作業を示す．2.2節では分布ラグモデルの難点と1変量時系列分析について，さらに定常・非定常過程との関連についての解説を行う．2.3節ではコレログラム（自己相関係数のグラフ）について説明し，2.4節では単位根と非定常について，2.5節では単位根の概念について述べる．多くのマクロ経済の変数や金融の時系列変数はこの単位根をもっており，非定常性を有している．2.6節では日経平均株価指数とランダム変数について解説する．ランダムモデルは株価，為替レートの動きをうまくとらえるとされている．さらにグラフによる検定を行う．

2.1　Excelによる分布ラグモデルにおけるラグの最適次数の決定方法

　第1章でラグのついた分布モデルは（1.2）式のように表現された．この分布ラグモデルのラグ次数をどのように決定したらよいかについては，実は事前に知ることはできない．実質民間消費が過去の実質GDPに依存するという経済学の理論仮説を検定する際に，どのくらい昔までさかのぼったらよいかという問題に帰着するのである．ラグの次数を決定するにあたってはいくつか方法があるが，時系列専門ソフトを利用できない読者の便宜を考えて，Excelを用いて対応する方

法を以下で説明する．ここで基本的な考え方を習得した後，専門ソフトでラグの次数を決定することを薦める．なぜなら以下の方法は，分布ラグモデルを直感的に手作業で理解するのには資するが，次数決定の検定に要する作業に時間をとられるだけではなく，また厳密には理論的に正確ではないからである．

- 基本的な考え方は，ラグの次数 q を現実的に可能な範囲で十分に大きくとることである．
- 最大の次数を $q_{\max}$ と表す．
- このときのパラメータの係数 $b_{q_{\max}} = 0$ を検定する．その理由はパラメータの係数がゼロであることは，これに対応するラグ付き説明変数 $q_{\max}$ に Y_t を説明する力がまったくないことを示すからである．
- 検定は通常の t 検定で行う．係数がゼロであると判断できる場合は，この次数のラグ付き説明変数を回帰方程式から落として，今度は $q_{\max-1}$ までの変数を含んだ回帰方程式を再推計する．後で説明するように，t 検定では厳密には正しい検定はできない．ここでは直感的な理解を得るための方法であることに留意されたい．
- 係数 $b_{q_{\max-1}}$ がゼロであるという検定結果が出たら，ラグの次数をもう１つ下げる．このように，変数のパラメータの係数がゼロであるという帰無仮説（null-hypothesis）が棄却されるまで，この作業を繰り返す．

ラグの最適次数決定の具体例（厳密には正しくない方法）

次に具体例を示そう．

［第１ステップ］　$q_{\max}$ を暫定的に決める．

［第２ステップ］

$$Y_t = a + b_0 X_t + b_1 X_{t-1} + \cdots + b_{q_{\max}} X_{t-q_{\max}} + \mu_t \qquad (2.1)$$

を推計する．係数 $b_{q_{\max}} = 0$ であるか否かの検定を行う．p 値が，たとえば 0.05 よりも小さいときは，最大のラグの次数は $q_{\max}$ であると決定する．つまり，係数 $b_{q_{\max}} = 0$ という帰無仮説を棄却できるからである．棄却できないときは，次のステップに進む．

［第３ステップ］

$$Y_t = a + b_0 X_t + b_1 X_{t-1} + \cdots + b_{q_{\max}-1} X_{t-q_{\max}+1} + \mu_t \qquad (2.2)$$

を推計する．ここで，係数 $b_{q_{\max}-1} = 0$ の帰無仮説を検定する．p 値が有意水準（た

とえば 0.05) より小さい場合は，ラグの最大次数を q_{max-1} に決定する．そうでなければ，次数をもう1つ下げて回帰方程式を再推計する．この手続きを帰無仮説が棄却されるまで繰り返す．

たとえば，q_{max-4} で，X_{t-4} のパラメータ係数に対応する p 値が有意水準 0.05 よりも大であるとしよう．つまり，5％の有意水準で帰無仮説は棄却できないので，説明変数 $X_{t-q_{max-4}}$ はこの回帰式からはずして推計することになる．すなわち，q_{max-3} として再推計するわけである．この結果は表 2.1 のようであるとしよう．

$b_3 = 0$ を検定するときの p 値は，表 2.1 から 0.0034 < 0.05 であるから，説明変数 X_{t-3} はこの分布ラグモデルに含めるという結論になる．すなわち，$q = 3$ がこの分布ラグモデルの最適次数として選択されることになる．このようなモデルは Excel を使って簡単に推計することができる．時系列専門ソフトがなくとも，回帰方程式の係数の推計はできるから，t 統計値，p 値を調べてみるだけでよい．

表 2.1 ラグ次数 3 の分布ラグモデルの推計結果（仮想的な数値）

	係数 b_i	t 統計値	p 値
切片	804.22	7.67	0.0003
X_t	79.66	2.72	0.0055
X_{t-1}	27.56	7.63	0.0003
X_{t-2}	18.66	7.56	0.0003
X_{t-3}	12.32	4.67	0.0034

$i = 0, 1, \cdots, q$.

2.2　分布ラグモデルの難点と1変量時系列分析

分布ラグモデルは，従属変数 Y_t が説明変数 X_t とそのラグ付き変数 $X_{t-1}, \cdots, X_{t-q}$ に依存するかたちになっている（(2.1)式参照）．

しかし，このモデルには次のような状況では重大な難点があることがわかっている．すなわち，最小二乗法（OLS）推計による回帰分析は次の場合に正しい推計結果をもたらさない．

- 従属変数（あるいは被説明変数）Y_t が $X_t, X_{t-1}, \cdots, X_{t-q}$ だけでなく，被説明変数 Y_t 自身のラグ付き変数にも依存している場合
- 変数 Y_t が非定常過程にある場合

2.2.1　1変量時系列分析と階差

非定常という意味をもう少し説明するために，ここでは X を無視し，変数 Y だけを考える．専門的にいうならば，1変量時系列法（univariate time series）について説明することになる．1変数あるいは1つだけの時系列（one series）を考えるということは，たとえば，実質 GDP だけの変数を Y と考えて，実質 GDP のラグ付き変数を説明変数として分析するということである．

階差・差分

ここで階差・差分（differencing）と呼ばれる概念について説明しておこう．まず，時系列データを形式的に

$$\{Y_t\}, \quad t = 1, \cdots, T \tag{2.3}$$

と表現する．このとき，

$$\Delta Y_t = Y_t - Y_{t-1} \tag{2.4}$$

と定義すると，ΔY_t は第1次の階差または差分という．

実質 GDP は通常，時間とともに増加傾向にある（図1.1参照）．この上向きの勾配をもった動きをトレンド（trend）と呼ぶ．マクロ経済変数の多くが，この種のトレンドをもっている．ここで注記しておくことは次の点である．経済学が対象とする事象では，爆発的な上昇トレンドや永遠に減少し続ける下降トレンドは考えられないことから，時系列分析では通常これらのトレンドは分析の対象外とされている．ΔY_t は変数が時間の経過とともに変化する場合のその変化分を意味する．原データの自然対数をとると，ΔY_t は $t-1$ 期と t 期の間の百分率で表現した変化率を示すことになる．ΔY_t の1期間のラグを伴ったものが ΔY_{t-1} となる．したがって，図1.3は ΔY_t をプロットしたものといえる．これをみると，図1.1で観察されたトレンドが消えている．t 期の実質 GDP 水準は $t-1$ 期の GDP 水準と高い相関があるが，実質 GDP 変化率と1期前の変化率とは相関関係がないことがはっきりとわかる．これは図1.6で確認したことである．

このように，Y_t と Y_{t-1} は相関関係が高く，ΔY_t と ΔY_{t-1}，ΔY_t と ΔY_{t-2}，ΔY_t と ΔY_{t-3}，…は相対的に無相関であることを理解しておこう．

GDP，民間消費支出などのマクロ経済変数の時系列データの多くは，四半期ごとにみるとトレンドをもった動き（trend behavior）を示す．他方，四半期ごとの成長率でみると，1期前の変化率と現在の変化率とはまったく異なった動きをする．このようなデータの性質は，時系列データを用いた回帰分析ではきわめ

て重要な意味をもつ．というのは，これがほかならぬ非定常過程の問題と深く関わっているからである．

2.2.2 定常過程，非定常過程の初歩的定義

すでに第1章で定常，非定常について簡単な説明をした．ここで，改めて概念を定義しておく．

- 定常過程とは，時系列データの平均や共分散などの確率的な性質が時間の推移によって変化しないことである．
- 非定常過程にある時系列変数は，平均や共分散が時間の推移によって変化する．

GDP成長率の現実のデータをみると，観測される時系列データの規則的なパターンが時間的変化の中に繰り返し現れている．他方，GDP時系列がもつ変動特性は，成長率のそれとはまったく異なる．このようにして，時系列分析は，変数の特性についての情報を確認しながら行われるのである．時系列分析は定常過程に基礎をおくと述べたが，非定常過程にある経済データは，なんらかの方法でトレンドを除去したり，期間を分割したりして，定常過程に近似させる操作が要請される．これはデータの変動特性を分析し，時間の経過とともにその構造が変化する時系列変数を直接表現するためである．第5章で，定常，非定常の定義をもう少し厳密に行うが，ここではこの程度の理解のまま，話を先に進めることにする．

2.3 コレログラムと自己相関関数

時系列変数の性質を理解するうえで自己相関関数（autocorrelation function, ACF）がよく使われる．ある1変数とその変数自身のラグ付き変数との相関関係を自己相関と呼ぶ．ここで，Yと，Yの1期ラグ付き変数との相関関係を r_1 で表すことにしよう．現在の実質GDPを Y_t とし，p期前の実質GDPを Y_{t-p} と表現すると，現在と p 期前の相関関係は r_p で表せる．これを p 次の自己相関（autocorrelation at lag p）という．四半期データを使用する場合，r_4 は現在と1年前の実質GDPどうしの相関関係を表すことになる．

- 自己相関関数とは，r_p を p の関数として表現したものである．

すなわち，$p = 1, 2, \cdots, p$ について $r_1, r_2, \cdots, r_p$ を計算することになる．月別データであれば $p = 12$ は1年前の時系列データを指すことになる．この自己相関関数は1変量時系列データの分析に使われる道具であり，時系列データについて貴重な情報を提供してくれる．

GDPの自己相関係数をみると（図1.5参照），ラグ次数が1のときは相関係数は0.94となり，かなり高い相関がある．ラグ数が20になっても相関係数はおよそ0.5となっている．これと対照的に実質GDPの成長率（図1.6参照）についての自己相関係数では，4次，8次，12次はそれぞれ，0.95，0.91，0.87と高い相関係数であるが，他の次数では相対的に低い結果になっている．自己相関係数の動きはここでは視覚的にグラフで示されているが，正確には時系列の専門ソフトで計算することになる．

自己相関関数は，時系列の性質をうまく要約しているものと考えられる．もっとも，通常用いられる相関係数と同様に，相関係数によって知ることのできる情報には限界がある．つまり，自己相関関数も単なる相関関係を示す関数の1つであって，変数とその変数自身のラグ付き変数との関係をもっと詳細に分析するモデルが存在するのであれば，もっと有益であることはいうまでもない．たとえば，通常の相関関数よりも回帰分析のほうがより多くの情報を与えてくれる．自己相関のグラフはコレログラム（correlogram）と呼ばれることもある．自己相関は初等統計学で学習する単相関係数と同じ概念であるが，それを時系列に当てはめたものである．なお，異なる期間の関係の強さを系列相関（serial correlation）と呼ぶこともある．

2.4 自己回帰（AR）モデル

次に，自己回帰モデル（ARモデル，autoregressive model）と呼ばれるモデルを説明しよう．これは説明変数が，被説明変数（あるいは従属変数）それ自身のラグ付き変数である回帰モデルのことをいう．いま，最も簡単なモデルを考えてみよう．説明変数が1次のラグをもっている自己回帰モデルをAR(1)と表す．

$$Y_t = \alpha + \phi Y_{t-1} + \varepsilon_t, \quad t = 2, 3, \cdots, T \qquad (2.5)$$

この式は回帰方程式そのものであるが，右辺の説明変数が Y_{t-1} になっているところに特徴がある．ここで，ε_t は本来は Y_t の動きを説明する変数でありながら，(2.5)

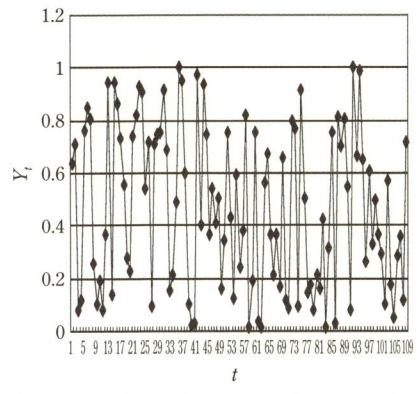

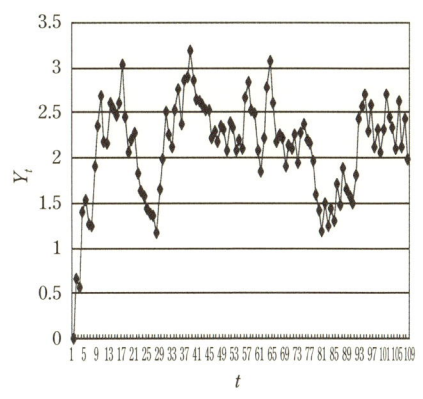

図 2.1 AR(1) $Y_t = 0.01 + \varepsilon_t$ ($\phi = 0$, 定常過程)　**図 2.2** AR(1) $Y_t = 0.01 + 0.8Y_{t-1} + \varepsilon_t$ ($\phi = 0.8$, 定常過程)

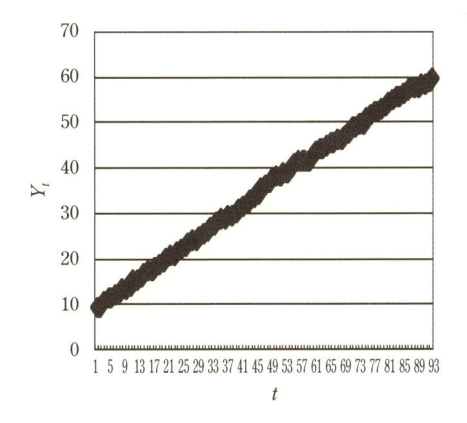

図 2.3 AR(1) $Y_t = 0.01 + Y_{t-1} + \varepsilon_t$ ($\phi = 1$, 非定常過程)

式のモデルで明示されていない変数のすべてを誤差項としてひっくるめた項である．つまり，説明変数 Y_{t-1} 単独では Y_t の動きをすべて説明しきれない残りの部分を，観測することのできない誤差項が説明するという構造になっている．Y_{t-1} 以外のすべての要因を ε_t に代表させたというわけである．

さて，AR(1) モデルの ϕ の値は自己相関関数の動きと密接な関わりをもっている．同時に，これは非定常性の概念に関係している．AR(1) の時系列の特徴的な動きを理解するために図 2.1～2.3 をみてみよう．それぞれ，ϕ の値が異なる 3 個の独立した時系列を比較してみる．たとえば，$\phi = 0$（図 2.1），$\phi = 0.8$（図

> **Excel の関数メニュー［RAND］を用いて AR(1) モデルを作成する方法**
>
> 　図 2.3 は，すでにみた実質 GDP の動きを示す図 1.1 の動きに類似している．図 2.1，2.2 は Excel を用いて作成することができる．Excel の［挿入］ボタンをクリックし，［関数］メニューから［RAND］を選択することによって，ε_t を乱数表から得ることができる．その後は，ϕ の値をそれぞれ (2.5)式に代入して Y_t を得ればよい．

2.2)，$\phi=1$（図 2.3）としよう．簡単化のために，(2.5)式の切片 $\alpha=0.01$ とする．図 2.1 は，時系列の値がランダムに変動している．図 2.3 は，トレンドをもっていることがわかる．図 2.2 は，両者の中間でランダムな変動とトレンド的な動きとの双方を含んだ定常過程のグラフになっている．

　図 2.1〜2.3 は AR(1) モデルの典型的な動きを特徴的にとらえたものである．このように，ϕ の値を変えることによって多くのマクロ経済の変数の時系列データを表現することができる．$\phi=1$（図 2.3）の場合は非定常の性質を示し，トレンドがある．$\phi=0$（図 2.1）と $\phi=0.8$（図 2.2）の場合は定常の性質を示す．爆発的な拡大を示すハイパーインフレのような場合は，$\phi>1$ のケースであるが，経済学ではめったに対象とはならない．

2.5　非定常と単位根の概念

　実証的時系列分析では，今後多くの研究者が非定常性について注意を払っていかなければならない．この非定常過程の問題を理解するには，単位根（unit root）と呼ばれる以下の概念を学ぶことが重要である．

　時系列変数 Y が定常であるか，非定常で単位根をもっているかどうかについての大雑把な判別の仕方とそれぞれの特徴を次のようにまとめておこう．

・AR(1) モデル (2.5) で $\phi=1$ であるならば，Y は単位根をもっている．このとき Y は非定常過程にある．

・$|\phi|<1$ のときは Y は単位根をもたない．このとき Y は定常過程にある．

・Y が単位根をもっているならば，Y は長い記憶をもっており，過去を覚えている．すなわち自己回帰係数が 1 に近く，ラグの次数が高くなっても，自己

相関係数の値はなかなか減少しない．
- Y が定常であるならば過去を忘れがちであり，過去についての長い記憶がない．
- Y が単位根をもっているとき，この時系列はトレンドをもつ（特に α が非負のとき）．
- Y が単位根をもつとき，ΔY は定常過程にあることが知られている．このことから単位根をもつ時系列をトレンドモデルと呼び，その階差をとったモデルを階差モデルと呼ぶ．階差モデルは定常過程にある（difference stationary series と呼ぶ）．単位根については第 3 章でより詳しく基礎的な解説を行う．第 5 章では Dickey-Fuller 検定と呼ばれる単位根の検定問題が説明されるので，ここでは非定常と単位根が連なりのある概念であるという理解が得られるだけで十分である．

2.6　ランダムウォークモデルと日経平均株価指数の推定

　株価，為替レートなどの資産価格の時系列は単位根を有していることが多い．しかし，これら時系列の 1 階差のモデルは定常過程にあることが多い．これを本節ではもう少し詳しくみておく．AR(1) モデル (2.5) の両辺から Y_{t-1} を引くと

$$\Delta Y_t = \alpha + \rho Y_{t-1} + \varepsilon_t \tag{2.6}$$

ここで，新たなパラメータ ρ は次のように定義される．ρ は単位根検定に用いられる．

$$\rho = \phi - 1 \tag{2.7}$$

いま $\phi = 1$ のときは，$\rho = 0$ になる．これを (2.6) 式に代入すると，

$$\Delta Y_t = \alpha + \varepsilon_t \tag{2.8}$$

となるから，ΔY_t は α の周りをランダムに変動することになる．このように，$\rho = 0$ であることを統計学的に検定することにより，この時系列が単位根をもっているかどうかを調べることができる．さらに $-1 < \phi < 1$ であるときは，$-2 < \rho < 0$ となるから，このときの時系列は定常過程にあることになる．これを定常性の条件と呼ぶ．いま直感的に話を進める．変数 Y が単位根をもつとしよう．したがって非定常である．さらに切片 $\alpha = 0$ であるとする．$\rho = 0$ であるなら

$$Y_t = Y_{t-1} + \varepsilon_t, \quad \Delta Y_t = \varepsilon_t \tag{2.9}$$

となる．このように，1次の自己回帰モデルにおいて，定常性が満たされず単位根をもつとき，このモデルはランダムウォークモデルと呼ばれ，株価の動きを表現するのに適していると考えられている．モデル(2.9)の ΔY_t はホワイトノイズと呼ばれる正規過程，あるいは Gauss 過程と呼ばれる確率変数 ε_t である．この時系列モデルは，系列相関のない誤差項 ε_t が唯一の要因である．

この誤差項 ε_t の平均がゼロ，分散が σ^2，すべての自己共分散がゼロという確率変数の特性値の条件を満たすとき，これをホワイトノイズという．ホワイトノイズの誤差項（あるいは攪乱項）ε_t はイノヴェーション（innovation）とも呼ばれる．互いに独立で期待値ゼロ，分散 σ^2 の正規分布に従う確率変数 ε_t は，ランダムウォークモデルに従うという．このモデルによると，株価の変化は，前日の株価からは予測することができない．それは，株価の変化は誤差項 ε_t のみで説明されるからである．もし株価がこのモデルに従わないならば，株価の動きは予測可能となり，投資家は裁定の機会（arbitrage possibilities）をもつことになる．経験上，株について裁定機会があるのはまれなことなので，大部分の資産価格，たとえば株価，為替レートなどはこのモデルに従うものと考えられる．

もっとも，株価収益率のように，異なる時点における株価収益率間の自己相関がほとんどゼロであっても，株価収益率を2乗した値については過去と現在の間に有意な相関が観測されることがある．将来の株価収益率（条件付き平均）は予想できなくとも，そのリスク（条件付き分散）はある程度予測可能であることが知られている．この点は，第9, 10章で詳細に説明する．

表 2.2　日経平均株価指数モデルの OLS 推計（推計期間：1981(2)～2000(1)）

	係数	標準誤差	t 統計値	p 値	偏決定係数
Y_{t-1}	0.959183	0.02574	23.3	0.000	0.8802
切片 α	907.847	506.1	1.47	0.145	0.0284

方程式標準誤差	1624.16	残差平方和		195203345
決定係数 (R^2)	0.94942	$F(1,74)$		1389 $[0.000]^{**}$
対数尤度	-668.674	DW 比		1.23
観測値の数	76	パラメータの数		2

[・]：p 値，**：1％水準で有意．

日経平均株価指数モデルの推計とグラフ検定

日経平均（225）株価指数（TOSDOW）について，先のランダムモデル(2.9)を最小二乗法（OLS）で推計してみた（表2.2）．期間は1981年第2四半期〜2000年第1四半期である．ϕ は 0.959 ± 0.026 とほぼ1に近い値であった．単位根をもっている可能性が高いことがわかる．(2.7)式より $\rho = \phi - 1$ であるから，$\rho = 0$ と考えられる．厳密には，$\rho = 0$ の検定は，第3，5章で説明するDickey-Fuller検定をしなければならない．

表2.2をみると決定係数は0.949と説明力はあるが，これは表面的な説明力である．次に図2.4を説明しよう．まず図2.4 (a) では，OLS推計と現実の値のずれが推定期間の後半になるほど拡大している．図2.4 (b) の残差項の推移をみると，1980年後半から2000年にかけて残差項が大きくなっている．ここで残差項は $Y_t - 0.907 - 0.959 Y_{t-1}$ で，ε_t の標本値である．図2.4 (c) をみると，OLS回帰式の残差項の分布は本来の釣鐘型である正規分布から大きくはみ出している．

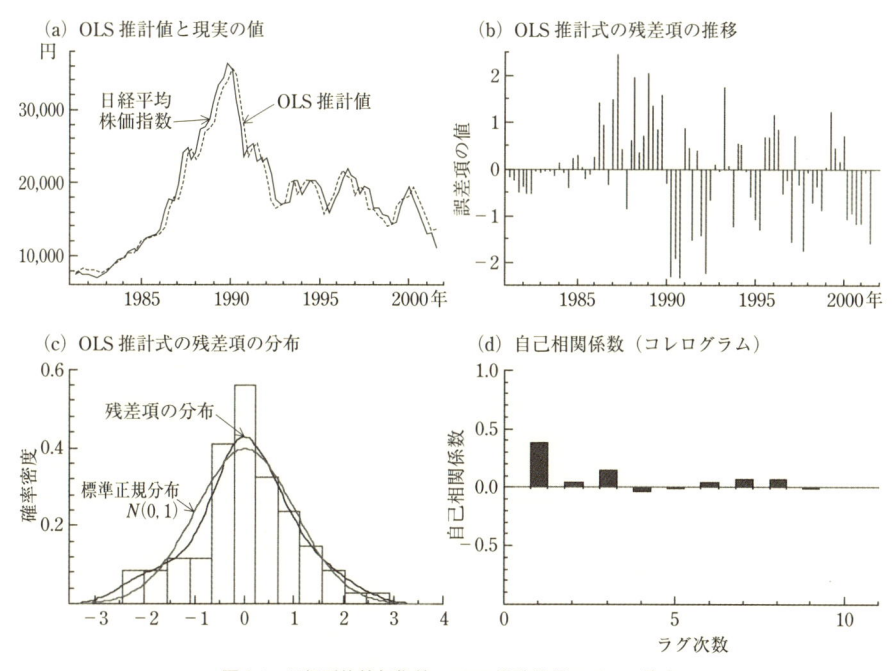

図2.4 日経平均株価指数のOLS推計結果のグラフ検定
確率密度については標準的統計学の教科書参照．

時系列分析の経済学，金融工学への応用

　情報処理，計量経済分析の道具は，かつては一部の専門家だけのものであったが，今日では経済学を学ぶ学部生のレベルで当たり前のように使われる時代になっている．インターネットで簡単に経済データをダウンロードできる時代である．国際機関，政府機関なども大量の統計データを CD-ROM にして一般に公開している．さらに，これらの情報を科学的な手法に従って処理することのできる高度なソフトが開発されつつある．ロンドンスクールオブエコノミクスからオックスフォード大学に移った学者グループが開発した OxMetrics はその代表的なものである．このパッケージには，PcGive，PcGets，STAMP，G@RCH などの専門ソフトを含み，大学生の教材として，さらには最先端の経済研究に使用されている．わが国ではこのほかに，EViews，TPS，RATS，Gauss，Stata，SHAZAM などの時系列専門のソフトが知られている．高度な専門ソフトを駆使し，実際の経済データを用いて経済学が勉強できる時代に突入した．わが国の大学では，経済学部の学生の必須科目として時系列分析の講座を本格的に開設しているところはまだ少ない．上記の専門ソフトは，時系列分析による計量経済学の理論を学ぶことなくしては，活用することができない．他方，時系列の理論だけではソフトは使いこなせない．実際に上記のソフトを購入しても，独力で強力なソフトを使いこなすところまで到達するのは非常に困難である．欧米の金融機関をはじめ，多くの企業が実務部門で実際に分析能力のある優れた学生の供給を大学教育に期待しているのに対し，わが国の多くの企業がどれほど大学の経済学部の教育に期待しているであろうかという問題も問わなければならない．欧米の中央銀行では，これらの専門ソフトを使いこなせるようにするために，若手のエコノミストを対象に，Timberlake Consultants UK 社（www.timberlake.co.uk，www.oxmetrics.net 参照）のような民間のコンサルタントを招いて特別研修をさせている．筆者の参加したセミナーでは，欧州中央銀行，スウェーデンの中央銀行，英国の中央銀行などが国際的な活動をしている民間の金融機関の専門家に混じって研修を受けていた．わが国のように，世界的に著名な数学者，統計学者，さらに優れた経済学者を輩出している国から，また数多くの民間経済研究機関を擁しながら，国際的に通用するユーザフレンドリーな経済分析の専門ソフトをなぜつくり出していないのであろうかという疑問も湧いてくる．残念ながら，時系列の計量分析の内外の文献は，現時点では多くの場合，高度なものが多く，数学的証明に紙面が費やされていて，なかなか適切な入門書がない．本書の試みは若干，無謀な企てであるが，いくつかのトピックスについて計量経済学の専門家でない読者を対象に，概念の「通俗化」のようなものをできるだけ平易なかたちで表現してみたいと考えている．

誤差項が正規分布であることが OLS 推計の前提であるが，ここでこの前提が大きく崩れていることがわかる．したがって，t 検定のような通常の統計検定ができない．残差項の自己相関係数（コレログラム；図 2.4 (d)）は，誤差項間の相関が存在することを示している．相関係数がしだいに減衰しているが，誤差項間の相関はホワイトノイズの前提を満たさない．したがって，この OLS 推計モデルの方程式の特定化（スペシフィケーション）を再検討しなければならない．

3

統計学の基礎的概念と単位根検定

　本章では統計学の基礎的な概念を復習するかたちで，単位根についての理解をもう少し深めることにする．単位根検定についての中級レベルの説明は第5章に譲る．

　これまで時系列変数 Y_t が単位根をもつとき，Y_t は非定常時系列であり，自己回帰モデルを最小二乗法（OLS）で推計できないことを説明した．3.1節では時系列モデル推計の大まかなルールについて，3.2節では単位根があるにもかかわらず OLS 推計する場合を，3.3節では単位根を含む回帰式の残差項の分布の性質について解説する．3.4節では Dickey-Fuller 検定の概念を簡単に説明する（詳細は第5章参照）．3.5節では2変数 CONS と DCONS を用いて統計学の基礎概念を復習する．3.6節では自己回帰分布ラグを，3.7節では単位根検定についての基礎的な説明をする．3.8節では ADF 検定と DF 検定について述べる．

3.1　時系列モデル推計のルール

　実際に時系列の回帰分析を行う前に，使用する時系列変数の1変量だけの性質をよく吟味しなければならない．時系列モデルを推計するうえで，大まかに3つのケースに分けて分析するルールをまとめておこう．

(1) 時系列変数 X, Y がともに定常的であるときは通常の最小二乗法（OLS）での推計を行うことができる．

(2) 変数 X, Y がともに単位根をもっていても，共和分過程の関係にあるときに限り OLS 推計をすることが許される．

(3) 変数 X, Y はともに単位根をもつが共和分過程の関係にないときは分布ラグモデルを OLS 推計する（この場合は差分をとって ΔY_t を被説明変数にすることによって，推計が可能になる）．

3.2 単位根を無視した OLS 推計例

以下で示す例から得られる結論を，簡単に説明すると次のようになる．推計する回帰方程式に単位根をもつ時系列が含まれていると，この回帰式の残差項は正規分布ではなくなる．残差項間の自己相関が強くみられるようになり，最小二乗法（OLS）推計結果は信頼できなくなる．

ここで取り上げる時系列変数は実質 GDP である．実質 GDP の四半期データ（1980 年第 2 四半期～2001 年第 1 四半期）を用いて，OLS 推計で (3.1)式のような AR(1)モデルを推計する．1 期前の GDP と誤差項が現在の GDP を決めるというモデルである（注：第 1, 2 章までは，実質 GDP は単位根をもっているという前提で説明してきた）．

$$Y_t = \alpha + \phi Y_{t-1} + \varepsilon_t \qquad (3.1)$$

推計結果は (3.2)式のようである（$(\cdot)$ は SE：標準偏差）．この推計は単位根の存在を無視して OLS 推計を行った 1 つの例である．

$$\log \text{GDP} = 0.935 \log \text{GDP}_{t-1} + 0.9042$$
$$(\text{SE}) \quad (0.038) \qquad\qquad (0.4335) \qquad (3.2)$$
$$R^2 = 0.880, \quad \text{DW} = 2.4$$

(3.2)式の推計では，切片 $\alpha = 0.90$，パラメータ $\phi = 0.94$ という結果が出た．単位根が存在するときは，この OLS 推計値と，AR(1)の真の値はほとんど一致しないことが知られているが，それにしても，$\phi = 1$ に近い数値を得たことになる．第 2 章で説明したように，これは単位根がある可能性を示唆している．

次に，(3.1)式の両辺から Y_{t-1} を引いた式を推計してみる．これは (3.3)式のように表現できよう．ここで，$\log \text{GDP}_t - \log \text{GDP}_{t-1} = \Delta \text{GDP}$ であることに留意しよう．

$$\Delta \text{GDP} = \alpha + (\phi - 1) \log \text{GDP}_{t-1} + \varepsilon_t = \alpha + \rho \log \text{GDP}_{t-1} + \varepsilon_t \qquad (3.3)$$

推計結果は (3.4)式のようになる.

$$\Delta \text{GDP} = 0.7879 - 0.0686 \log \text{GDP}_{t-1} \qquad (3.4)$$
$$(\text{SE}) \quad (0.4453)\,(0.0393)$$

$\log \text{GDP}_{t-1}$ のパラメータ推計値 $\hat{\rho} = -0.07$ は,ほぼゼロに近い値である.(2.7)式より $\rho = \phi - 1$ であるから,(3.2)式の推計で得た ϕ の値を代入すると,$\rho = 0.94 - 1 = -0.06$ となり,$\hat{\rho}$ の値とほぼ一致する.

3.3 単位根を含む回帰式の残差項の分布

このように,(3.2),(3.4)式のパラメータ ϕ と ρ の推計結果はほぼ一致していると考えられる.つまり,ともに単位根の存在を強く示唆する結果となっている.そこで,これをグラフで確かめてみよう.時系列専門ソフトの PcGive を用いると,図3.1 のようなグラフを得ることができた.これは回帰式残差項の分布を示したものである.釣鐘型のかたちのほうが正規分布であるが,単位根を含む OLS 推定式の残差項は,この釣鐘型とははっきり異なった分布を示していることがわかる.つまり,OLS を用いる際に前提となる正規分布の条件が満たされていないことが理解できる.この場合,通常の検定統計値が使えなくなることを読者は理解できると思う.図3.2 は残差項の自己相関係数を示している.強い自己相関がみられる.残差項がホワイトノイズでない可能性が強く示唆されている.つまり,OLS を使用する前提が崩れることになる.

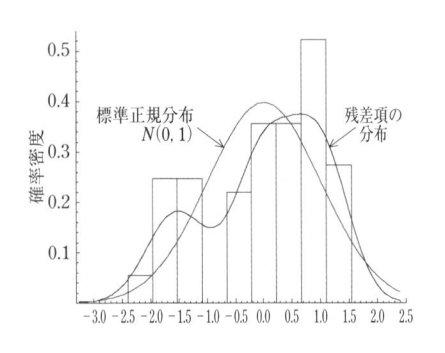

図 3.1　GDP の回帰式残差項の分布

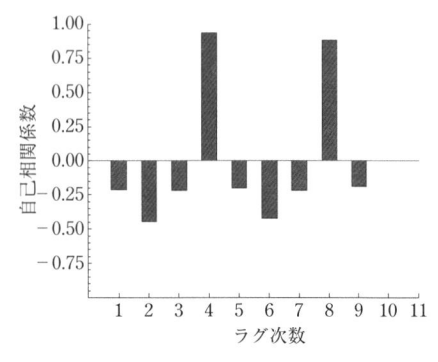

図 3.2　GDP の回帰式残差項の自己相関係数

3.4 Dickey-Fuller 検定の概念

通常の統計ソフトでは，変数が定常的であるという前提のもとに回帰方程式の係数，標準誤差，t 値，p 値を計算している．ところが (3.2) 式のモデルのように，説明変数 Y_{t-1} が非定常であると，p 値を検定に用いることができない．たとえば，Excel のようなソフトの中にある回帰分析ツールでは，ρ の値がゼロか否かの検定，すなわち，時系列変数の単位根検定はできない．統計学者 Dickey と Fuller が近年開発した Dickey-Fuller 検定はこの単位根を検定する方法である．ρ の値がゼロか否かの検定には，t 値を用いることはできるが，p 値を用いるときには修正した p 値を使わねばならないというのが，Dickey と Fuller の主張である．そこで彼らは別途，単位根検定のための臨界値の統計表を作成した．これについては第 5 章で詳しく説明する．時系列データの回帰分析を専門的に行うためには，結局，時系列分析専門のソフトを使わねばならない．従来，多くの回帰分析では，お決まりのように攪乱項間の系列相関問題に対処するものとして Durbin-Watson (DW) 比が 2 前後の値であることを確認するのが半慣例化しているが (DW 比については標準的な統計学の教科書を参照)，今日の時系列分析の研究成果から，DW 比による対応はいまや不十分であることがわかっている．自動的に正しい臨界値を計算してくれる PcGive，EViews，TSP などの専門ソフトは，このような意味で無視できない．Dickey-Fuller 検定については第 5 章でより厳密な説明をする．

3.5 2 変数 CONS と DCONS による統計学の基礎概念の復習

ここで，単位根の問題を人工的につくられた架空の 2 つのデータを用いて説明する．

いま人工的に作成された消費支出時系列データを変数 CONS（対数）として表す．これは四半期データである．DCONS は CONS の 1 階の階差（差分）をとったものである．図 3.3 は CONS と DCONS がグラフ化されたとき，互いにどのように異なっているかを示したものである（このデータは，PcGive を開発した Hendry and Doornik (2001) で用いられている人工的な時系列データである）．

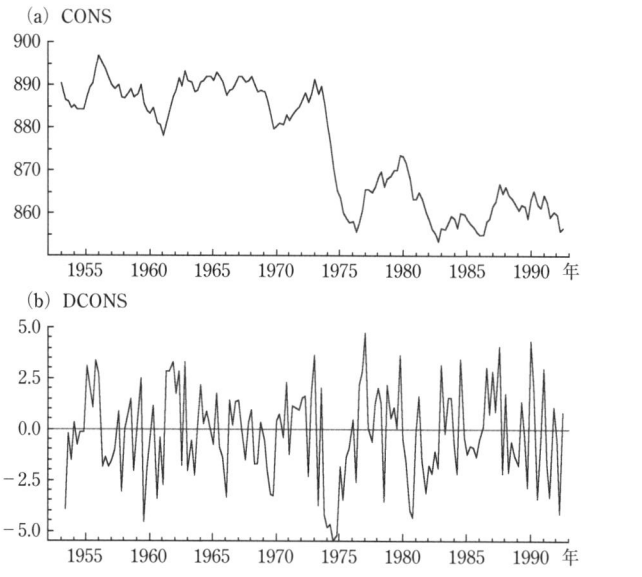

図 3.3 CONS（消費支出）と DCONS の時系列プロット（標本期間：1953(2)〜1992(3)）

表 3.1 CONS と DCONS の記述統計量（標本期間：1953(2)〜1992(3)）

〈平均値と標準偏差〉

	CONS	DCONS
平均値	875.85	−0.21341
標準偏差	13.533	2.2101

〈相関行列〉

	CONS	DCONS
CONS	1.0000	0.098638
DCONS	0.098638	1.0000

CONS と DCONS の平均値，標準偏差，相関行列は表 3.1 のようである．ここでは，変数 X の標準平均 $\bar{x}$ と標本標準偏差 $\bar{s}$ は次のように定義される．

$$\bar{x} = \frac{1}{T}\sum_{t=1}^{T} X_t \tag{3.5}$$

$$\bar{s} = \sqrt{\frac{1}{T-1}\sum_{t=1}^{T}\left(X_t - \bar{X}\right)^2} \tag{3.6}$$

ここで，T は標本数である．変数 X と Y の標本相関は次のように定義される．

$$r_{XY} = \frac{\sum_{t=1}^{T}\left(X_t - \bar{X}\right)\left(Y_t - \bar{Y}\right)}{\sqrt{\sum_{t=1}^{T}\left(X_t - \bar{X}\right)^2}\sqrt{\sum_{t=1}^{T}\left(Y_t - \bar{Y}\right)^2}} \tag{3.7}$$

表 3.2　CONS, DCONS の正規性検定（期間：1953(2)～1992(3)）

〈CONS〉		〈DCONS〉	
標本数	158	標本数	158
平均	875.85	平均	− 0.21341
標準偏差	13.490	標準偏差	2.2031
歪度	− 0.17195	歪度	− 0.11208
超過尖度	− 1.6251	超過尖度	− 0.55302
最小値	853.50	最小値	− 5.4897
最大値	896.83	最大値	4.7393
漸近性検定：$\chi^2(2)$ = 18.165　[0.0001]**		漸近性検定：$\chi^2(2)$ = 2.3442　[0.3097]	
正規性検定：$\chi^2(2)$ = 52.808　[0.0000]**		正規性検定：$\chi^2(2)$ = 2.2958　[0.3173]	

[・]：p値，**：1％水準で有意．

　表3.1の相関行列から明らかなように，CONS はその階差をとった DCONS とはほとんど相関関係がない．しかしながら，後にみるように，CONS は自己の1次ラグ付き変数と高い相関がある．通常，標準的な正規分布を $N(0, 1)$ と表現する．正規分布のときは，次のような特徴がある．

平均値＝0，標準偏差＝1，歪度＝0，超過尖度＝0

次に正規性の検定の結果をみておこう．表3.2では，4つのモーメントが算出され，続いて最大値，最小値，テスト統計値が示してある．CONS と DCONS に適用されたものである．

　ここで，CONS の正規性検定のもとでの標準偏差と，表3.1の相関係数のもとでの標準偏差が異なる点に留意されたい．この差は次の (3.8)式 と (3.6)式 の違いによって説明されよう．

$$\bar{\sigma} = \sqrt{\frac{1}{T}\sum_{t=1}^{T}\left(X_t - \bar{X}\right)^2} \tag{3.8}$$

正規性検定は (3.8)式 によって算出する．すなわち表3.2より CONS の標準偏差は 13.490，かつ標本数は 158 であるから，以下のように計算される．

$$\bar{\sigma} = 13.490 \times \sqrt{\frac{158}{157}} = 13.533 \tag{3.9}$$

正規性検定統計量は歪度（skewness）と超過尖度（excess kurtosis）の関数である．表3.2中の CONS の正規性を検定する検定統計量は，52.81 と算出されている．表中では，0％の確率であることを示しており，CONS が正規分布から抽出された蓋然性はきわめて低いことがわかる．歪度は分布が左右対称かどうかを

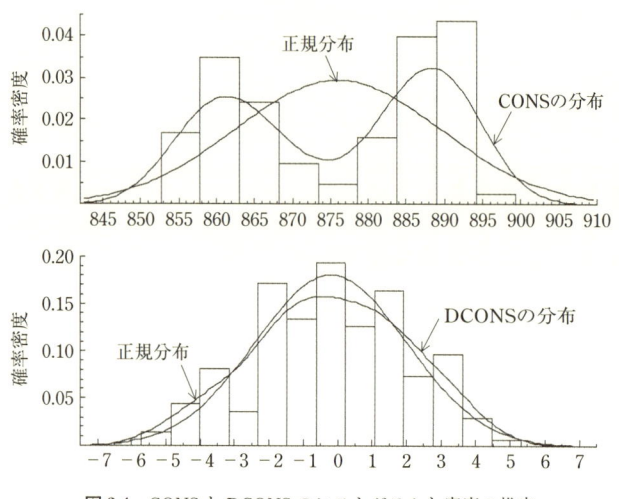

図 3.4 CONS と DCONS のヒストグラムと密度の推定

示し,歪度がゼロであると対称な分布である.正値であれば左に,負値ならば右に偏って分布する.超過尖度が正値ならば分布の中央と両端の部分の度数が相対的に大きく,中央で尖り両端で長い裾をもつ.

図 3.4 には DCONS も描かれている.かたちをみると,正規分布 $N(-0.21, (2.2)^2)$ と大きく異なってはいないことが読み取れる.

3.6 自己回帰分布ラグ

図 3.5 は,CONS と DCONS の標本自己相関関数を示したものである.CONS は自己のラグ変数と高い相関をもっているが,DCONS をみると自己相関はあまりみられない.

図 3.5 より,CONS は 1 次の自己回帰過程(AR(1))によって適切に描写できるという仮説を支持することができる.数学的な表現では,

$$Y_t = \alpha + \beta Y_{t-1} + \varepsilon_t, \quad t = 1, \cdots, T \tag{3.10}$$

ここで,係数 α は切片である.$\beta = 0$ のとき,Y_t は定数の周辺をランダムに動く変数となる.$\beta = 1$ のときは,2.6 節で説明したように,ΔY_t はランダム変数となる.ここでは,誤差項の平均 E はゼロで分散 Var は時間の経過にかかわらず一定で

3.6 自己回帰分布ラグ

(a) CONS

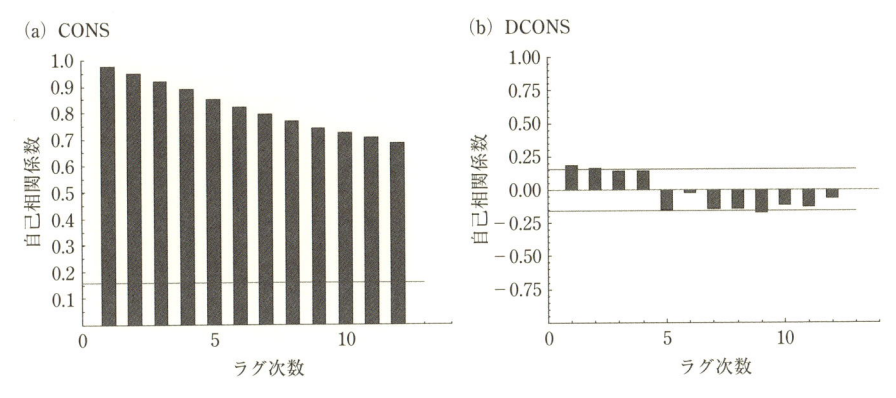

(b) DCONS

図 3.5 CONS と DCONS の標本自己相関関数

あることが仮定されている．すなわち

$$E(\varepsilon_t) = 0 \tag{3.11}$$

$$Var(\varepsilon_t) = E(\varepsilon_t - E(\varepsilon_t))^2 = E(\varepsilon_t) = \sigma^2 \tag{3.12}$$

CONS を定数と CONS_1（CONS の 1 次ラグ）上に回帰する．すなわち

$$\text{CONS}_t = \alpha + \beta \text{CONS}_{t-1} + \varepsilon_t \tag{3.13}$$

AR(1) モデルの推計結果は表 3.3 のように算出される．表中で係数と書いた列の値はそれぞれ，$\hat{\alpha}$ と $\hat{\beta}$ に対応する．その右の列は標準偏差の推定値である．標準偏差の推定値を用いて，95%信頼区間を計算することができる．たとえば $\hat{\beta}$ は，

$$0.9894 \pm 2 \times 0.01308 \tag{3.14}$$

となる．ここで，数字 2 は $\hat{\beta}$ が自由度 $T - k = 158 - 2 = 156$ の t 分布であるという仮定を反映したものである（k は自由度）．これは，標準正規分布にきわめて

表 3.3 CONS の AR(1) モデルの OLS 推計（推計期間：1953(2)〜1992(3)）

	係数	標準偏差	t 統計値	p 値	偏決定係数
CONS_1	0.989378	0.01308	75.6	0.000	0.9734
切片 α	9.09221	11.46	0.793	0.429	0.0040

方程式標準誤差	2.21251	残差平方和	763.648214
決定係数(R^2)	0.97344	$F(1,156) =$	5717[0.000]**
対数尤度	−348.658	DW比	1.6
観測値の数	158	パラメータの数	2
平均	875.848	分散	181.971

[・]：p 値，**：5%水準で有意．

近いことを意味する．しかし以下では，この仮定が有効ではないかもしれないことを説明する．その場合は信頼区間も変わってくる．いま，$\hat{\beta}$のt値を用いて検定する方法をみてみよう．すなわち，

$$t_\beta = \frac{\hat{\beta}}{\mathrm{SE}(\hat{\beta})} = \frac{0.9894}{0.0138} = 71.7 \tag{3.15}$$

は$\beta=0$という仮説（$H_0: \beta=0$）の検定に用いられる．この仮説のもとでは，$t_\beta > 2$あるいは$t_\beta < -2$であれば，帰無仮説は（95%信頼区間，あるいは別の表現では，5%の有意水準で）棄却することができる．(3.16)式で得られた値71.7は2よりもはるかに大きいから，$\beta=0$という仮説は支持しがたいことを示唆する．しかし3.7節で説明するように，単位根が存在する場合はこの手続きは満足できるものではない．

3.7 単位根検定の基礎的な説明

(3.10)式における$\beta=1$であるか否かの検定は，実はもっと慎重に行わねばならないことを以下で説明しよう．すなわち，ここで検討する帰無仮説は$H_0: \beta-1=0$となる．ここでt値を計算すると，次のような値が得られる．

$$\frac{0.9894-1}{0.01308} = -0.81 \tag{3.16}$$

(3.10)式の両辺からY_{t-1}を差し引き，次のように書き換える．

$$Y_t - Y_{t-1} = \alpha + \beta Y_{t-1} + \varepsilon_t - Y_{t-1} \tag{3.17}$$

あるいは，次のように表現することもできる．

$$\Delta Y_t = \alpha + (\beta-1)Y_{t-1} + \varepsilon_t \tag{3.18}$$

表3.3のAR(1)モデルが，ここでは次式のように再定式化される．

$$\mathrm{DCONS}_t = \alpha + (\beta-1)\mathrm{CONS}_{t-1} + \varepsilon_t \tag{3.19}$$

結果は表3.4のように算出された．表3.3，3.4を比較する．残差平方和（RSS）を比較すると，まったく同じ数値である．被説明変数をY_tからΔY_tに変えることによって大きく変わった点は，決定係数R^2とF統計量の値である．R^2は0.973から0.004に減少した．F値は5717[0.000]**から0.659[0.418]に変化している．

$H_0: \beta=1$という帰無仮説は単位根仮説（unit-root hypothesis）と呼ばれる（こ

3.7 単位根検定の基礎的な説明

表 3.4 DCONS モデルの OLS 推計（推計期間：1953(2)～1992(3)）

	係数	標準誤差	t 統計値	p 値	偏決定係数
CONS_1	-0.0106221	0.01308	-0.810	0.418	0.0042
切片 α	9.09221	11.46	0.793	0.429	0.0040

方程式標準誤差	2.21251	残差平方和	763.648214
決定係数 (R^2)	0.00420671	$F(1,156)$	0.659[0.418]
対数尤度	-348.658	DW比	1.6
観測値の数	158	パラメータの数	2
平均	-0.213409	分散	4.85363

[・]：p 値．

れは，Y_t が定常な変数でないことを意味する）．この帰無仮説のもとでは，t 分布を用いることは正しくない．正しい t 値を求めるには Dickey-Fuller の分布を用いることが必要である．多くの経済変数はこの例でみるように，単位根をもっていることが多い．変数 CONS が 1 個の単位根をもつときは，CONS は一次和分しているといい，$I(1)$ と表す．このことから，DCONS は $I(0)$ であるという（ただし t 値を得るには，前に述べたように，定数項あるいはトレンドを含むか否かによって，厳密な分布のかたちが異なる）．これらについては第 5 章で詳説する．表 3.5 は PcGive による出力である．表 3.5 にある ADF-CONS_1 は CONS_1 の ADF 統計量である．ADF-CONS_1 = -0.811 はすでに (3.16) 式で得られた t 値であることに注意しよう．

ADF 検定の 5% 水準臨界値は -2.88 である．ここでは負値になっている．対立仮説は $\hat{\beta} < 1$ である．ADF-CONS の値は -0.811 であるから，5% 水準では絶対値で臨界値よりも小さい（$\hat{\beta} > 1$ の場合は，爆発的な過程に対応する．これは経済変数ではみることのない過程と考えられる）．ここでの臨界値は MacKinnon (1991) の response surface に基づくものである．以上の結果から，ここでは $\beta - 1 = 0$ という仮説を棄却することができない．すなわち，変数 CONS は単位根をもっているように思われる（すなわち $I(1)$）．統計学の検定では，いつでも慎重な判断が要請される．図 3.3 の CONS の時系列グラフをみると，1975 年あたりで 1 つ不連続（ブレークともいう）がある．このようなブレークがあると，$I(0)$ な変数が DF 検定では $I(1)$ のようにみえることが知られている．DW は OLS 回帰式の残差項の Durbin-Watson 統計値である．次に，ADF（augmented Dickey

表 3.5　PcGive による CONS の ADF 検定（推計期間：1953(2)～1992(3)）

	係数	標準偏差	t 値
CONS_1	−0.010622	0.013085	−0.81180
切片 α	9.0922	11.464	0.79309

方程式標準誤差	2.21251
DW 比	1.598
臨界値	5%：−2.88, 1%：−3.473
残差平方和	763.6482142（2 変数，観測値の数 158）

-Fuller) 検定について説明を加えておこう．ADF は DF 検定にラグ付き階差を加えて導いたものである．たとえば ADF(1) テストは，

$$\Delta Y_t = \alpha + (\beta - 1)Y_{t-1} + \gamma \Delta Y_{t-1} + \varepsilon_t \tag{3.20}$$

あるいは，ADF(s) について一般的な表現は次式のように書ける．

$$\Delta Y_t = \alpha + (\beta - 1)Y_{t-1} + \sum_{i=1}^{s} \gamma_i \Delta Y_{t-i} + \varepsilon_t \tag{3.21}$$

ここで，γ は新たなパラメータである．

ADF(0) は DF 検定に対応している．このようなラグを追加する理由は，残差をホワイト化（whiten）するためである．帰無仮説は単位根があるという仮説である．検定統計値が有意な場合は帰無仮説を棄却し，この変数が定常であることを示唆する．

3.8　ADF 検定と DF 検定

PcGive は 2 つの変数 CONS と INFLAT について，表 3.6 のような ADF 検定の表を打ち出す．この表の ADF 検定値から，ラグの長さを決定することができる．

表の見方は次のように行う．いちばん左の列はラグの長さを示す．したがって，1 行目は ADF(3) を示す．2 番目の列は t 値である．これは ADF 統計量である．3 番目の列は Y_{t-1} の係数である．その次の列は，方程式の標準誤差である．その次の列に t-DY_lag，t 値をとる確率とあるが，(3.21) 式において次数の最も高いラグの t 値（すなわち $\gamma_s = 4, 3, 2, 1$ のうち最も高い次数のラグ）とそのラグの p 値を示す．γ_s の中でいちばん最後に有意な s を選択する（$\hat{\gamma}_s$ は通常の t 分布であ

3.8 ADF 検定と DF 検定

表 3.6 CONS と INFLAT の単位根検定（推計期間：1954(1)〜1992(3)）

〈CONS：ADF 検定〉（標本数 155, 臨界値；5% = −2.88, 1% = −3.47）

D_lag	t 値 (ADF 統計量)	Y_{t-1} の係数	方程式 標準誤差	t-DY_lag	t 値をとる確率	AIC	F 値を とる確率
3	−1.267	0.98340	2.157	1.379	0.1701	1.569	
2	−1.115	0.98545	2.163	1.717	0.0880	1.569	0.1701
1	−0.9255	0.98792	2.177	2.479	0.0143	1.575	0.0912
0	−0.6375	0.99159	2.213			1.602	0.0130

〈INFLAT：ADF 検定〉（標本数 155, 臨界値；5% = −2.88, 1% = −3.47）

D_lag	t 値 (ADF 統計量)	Y_{t-1} の係数	方程式 標準誤差	t-DY_lag	t 値をとる確率	AIC	F 値を とる確率
3	−5.400**	0.85702	0.3516	1.177	0.2410	−2.059	
2	−5.364**	0.86932	0.3521	1.062	0.2900	−2.062	0.2410
1	−5.389**	0.87969	0.3522	11.61	0.0000	−2.068	0.2872
0	−2.381	0.92852	0.4822			−1.446	0.0000

** : 1% 水準で有意. AIC：赤池の情報量規準.

る）．表 3.6 の例では，変数 INFLAT と CONS については，ADF(1) 検定を用いる．1 つ注意すべき点は，INFLAT について ADF(1) にするか ADF(0) にするかによって単位根が存在するか否かの検定結果に違いが出てくることである．すなわち，表 3.6 の INFLAT の単位根検定をみると，5% での臨界値は −2.88 である．ADF(0) = −2.381, ADF(1) = −5.389** であるから，絶対値において ADF(1) は臨界値よりも大である．したがって，単位根が存在するという帰無仮説を棄却することができる．これに対して，ラグを考慮しないモデルで考えるときは，ADF(0) = −2.381 と臨界値を比較することになるから，単位根が存在するという誤った結論に至る．(3.20), (3.21) 式のようにラグの基準を用いると，INFLAT は定常な変数であると結論できる．他方，INFLAT のラグ付き変数の重要性をチェックしていないと，この変数は非定常な変数である，というように間違って結論する可能性がある．

変数 CONS については D_lag1 のときの t-DY_lag = 2.479 が最後の有意な t 値をとる確率に対応している．このとき ADF(1) = −0.9255 は ADF 検定臨界値 −2.88 よりも絶対値においてより小さい．したがって，単位根をもっていることになる．ここでのテストはすべて同じサンプル期間を用いている．ADF(0) = −0.6375 とあるが，すでにこれは (3.16) 式では −0.81 であった．いちばん右の

F 値をとる確率は，すべてのラグのその次数までの F 検定の p 値を示す．

以上の説明では，定数項を含めるべきか，あるいは定数項とトレンド項をともに含めるべきか，という問題を避けてきた．これは，第5章で詳しく説明する．

日本の金融政策論と単位根問題は無縁ではない

単位根の問題は，抽象的学問の遊びであり，現実問題とは関係のない話だと思われる読者は多いかもしれない．しかしながら，日本経済がデフレ状況から抜け出すための政策を考えるときに，単位根の問題は，まったく無縁な問題ではない．たとえば，日銀がいちだんと量的緩和を推し進めて，マネーサプライを増大することにより経済が拡大するかという問題は，経済学で教える貨幣需要関数との関わりをもつ．この貨幣需要関数の測定問題を考えてみよう．

実際の時系列データを用いて，貨幣需要関数を最小二乗法（OLS）で推計しても，単位根問題を無視した測定結果は信頼に値しない．貨幣需要関数が安定でないために，わが国の金融政策の効果が安定的ではないという政策論が近年しばしば行われるが，こうした議論の多くが，貨幣需要関数を測定する際に用いられるマネーサプライ（通常 M_2+CD）や GNP の時系列変数の単位根問題を無視した測定結果に関係している．単位根の存在を無視した貨幣需要関数の測定は，統計学的に信頼に値しない．その意味で単位根についての理解を深めることは，日本経済の金融政策論の是非を理解するうえでも重要なことになる．しかしながら，実は，単位根の問題は時系列分析の専門家泣かせの問題を抱えていることを知っておく必要がある．これは，時系列の変数がトレンドを含んでいることから発生する問題である．この問題を理解するには，Dickey-Fuller 検定についても理解しておかなければならない．貨幣需要関数の正しい推計法を演習のかたちで平易に説明している Hendry and Doornik (2001b) は，この分野の中級・上級者必読の文献である．

4

定常な時系列変数と長期乗数

　本章では，自己回帰分布ラグモデル（autoregressive distributed lag model, ADLモデル）の長期乗数の概念を説明する．ここで扱う時系列変数は定常な変数に限定する．2つの変数X, Yは，ともに定常な変数であることが前提である．この概念の具体的応用例として，日本経済の財政政策に関わる一側面について，このADLモデルを用いて分析してみよう．ここでは，財政支出を持続的に拡大していくと，経済成長率にいかなる影響があるかを考えてみる．いうまでもなくこの問題は，日本経済の政策運営に重要な関わりをもつものである．

　4.1節では決定的確率過程，4.2節では階差定常とトレンド定常を説明する．4.3, 4.4節では決定的トレンドを含む$AR(p)$モデルについて述べる．4.5節では自己回帰分布ラグモデルについて解説する．4.6節では変数が定常的であるときの回帰分析，4.7節では長期乗数の概念について説明する．4.8節では長期乗数の計算例を示し，4.9節では長期乗数の応用例として，日本の財政政策についてどのような政策提言ができるかを解説する．

4.1　決定的確率過程

　これまでは，単位根をもつ変数を図にプロットするとトレンドをもつと説明してきた．しかし，トレンドが観察されるからといって，いつでもこれが単位根をもっているという証拠にはならない．このことを理解するために，次のようなモ

デルを考えてみる.

$$Y_t = \alpha + \delta t + \varepsilon_t \tag{4.1}$$

説明変数として，時間 t が追加されている．係数は δ である．このモデルはトレンドをもっている．ここで，δt を決定的（deterministic）確率過程，あるいは決定的トレンド（deterministic trend）と呼ぶ．決定的確率過程とは，多くの標本値が与えられれば，将来について誤差なしに予測できる過程を意味する．時間の経過とともに値が正確に決定されるという意味での時間の関数であり，このために，決定的トレンドといわれる．完全な周期性をもった確率過程は決定的な確率過程と考えられる．これに対し，単位根をもつ時系列のトレンドを非決定的確率過程，あるいは確率的トレンド（stochastic trend）と呼ぶ．決定的トレンドを含むモデルと AR(1) モデルを結びつけて次のようなモデルを考えることができる．

$$Y_t = \alpha + \phi Y_{t-1} + \delta t + \varepsilon_t \tag{4.2}$$

たとえば，次のような数値を代入してグラフを図に描いてみるとする．$\alpha = 0$, $\phi = 0.2$, $\delta = 0.01$ としたときの図は，決定的トレンドを含む定常モデルであるが，確率的トレンドを含む非定常モデルと類似した動きを示す．このようにデータのプロットだけでは，単位根を含んでいるか否かの判断はできない．

4.2 階差定常とトレンド定常

まず重要なポイントを以下にまとめておく．
(1) 非定常な時系列の変数は単位根をもっている．こうした時系列は確率的トレンドを示す．このようなときは，階差をとって定常化する．これを階差定常（differenced stationarity）という．
(2) AR(p) モデルでは，定常な時系列は $-2 < \rho < 0$（$\rho = \phi - 1$）である．しかしながら，この定常な時系列変数は決定的トレンドを組み合わせるとトレンドを示す．これをトレンド定常（trend stationarity）と呼び，階差定常と区別される．実際，GDP などの時系列データは，決定的トレンドを中心に動くトレンド定常な時系列と判断されることがある．本章での財政支出乗数の測定は，トレンド定常の性質を活用したものである．

4.3 決定的トレンドを含む AR(p) モデル

1変量時系列モデルでは，AR(p)モデルに決定的トレンドを加えたモデルがよく使われる．すなわち，次のように表現できる．

$$\Delta Y_t = \alpha + \rho Y_{t-1} + \gamma_1 \Delta Y_{t-1} + \cdots + \gamma_{p-1} \Delta Y_{t-p+1} + \delta t + \varepsilon_t \tag{4.3}$$

これを決定的トレンドを含む AR(p) モデル (AR(p) with deterministic trend model) と呼ぶ．いまこのモデルを以下のモデル(4.4)と比較してみよう．読者は，(4.4)式のように階差 Δ を含まない，$Y_{t-1}, \cdots, Y_{t-p}$ を説明変数とする式で十分であると考えるかもしれない．

$$Y_t = \alpha + \phi_1 Y_{t-1} + \cdots + \phi_p Y_{t-p} + \delta t + \varepsilon_t \tag{4.4}$$

ところが，実はモデル(4.4)には難点が2つある．第1は，モデル(4.4)において単位根検定をする際に，複数の回帰係数がゼロになるか否かを判断するわけであるが，モデル(4.4)では単位根検定が複雑になってしまうことである．他方，(4.3)式の決定的トレンドモデルでは $\rho = 0$ の検定だけですむ．

第2は，変数 $Y_{t-1}, Y_{t-2}, \cdots, Y_{t-p}$ は相互に相関関係がかなり高くなることである．説明変数間でこのような関係があると，多重共線性 (multicolinearity，あるいはマルチコ) の問題に直面する．これに対して，(4.3)式の決定的トレンドを含むAR(p)モデルは $Y_{t-1}, \Delta Y_{t-1}, \cdots, \Delta Y_{t-p+1}$ を説明変数としているために，これらの変数間での相関関係は通常，高くならない傾向にある．したがって，(4.3)式の表現はマルチコの問題を回避することができる．

4.4 決定的トレンドを含む AR(p) モデルの検定

それでは，(4.3)式の決定的トレンドを含むAR(p)モデルの検定の仕方を具体的にみてみよう．

このモデルの係数の検定は2段階に分けて行う．まず第1段階は，係数 $\alpha, \gamma_1, \cdots, \gamma_{p-1}$ と δ のグループを検定する．第2段階は，ρ だけを対象とする検定である．要するに，仮説の検定を ρ の部分と他の係数の部分について別々に行うわけである．

表 4.1　$\Delta Y_t = \alpha + \rho Y_{t-1} + \varepsilon_t$ の検定（第 1 段階）

	係数	標準誤差	t 値	p 値
切片	0.039	0.014	2.682	0.08
Y_{t-1}	-0.04	0.035	-1.29	0.025

この推計では $\rho = -0.04$．決定的トレンドの係数は有意でないので，回帰式から落とされていると考えられる．

［第 1 段階］

まず AR($p_{\max}$) からはじめる．$p_{\max}$ は最大のラグ（maximum lag length）を意味する．$p_{\max}$ の係数が有意でないとき，モデルの階数を $p_{\max-1}$ に落として，回帰方程式を推計する．この係数が有意でなければ，ラグの階数を $p_{\max-2}, p_{\max-3}, \cdots$ に順次落とし，回帰方程式を推計していく．検定では p 値が選択する水準（たとえば $p = 0.05$）よりも小さい場合，$p_{\max}$ の階数を有意である係数の階数に決定する．このように有意なラグの階数を決めた後，決定的トレンドをこの回帰方程式に含めるか否かの検定を行う．$\delta = 0$ の検定は p 値が有意水準（$p = 0.05$）の値より大きければ，トレンド変数を回帰式から落とす．こうした手順を踏んだ後に，最終的に AR(1) モデルが表 4.1 のように推計されたとしよう．

［第 2 段階］　Dickey-Fuller 検定

最終的なモデルが決定論的トレンドを含むものであるとき，Dickey-Fuller 臨界値はおよそ -3.45 である（この点は第 5 章でより厳密に説明する）．係数 ρ の t 値がこの臨界値よりも絶対値でより大きいならば，単位根の仮説は棄却される．つまり，この時系列は定常的であると判断されるわけである．決定的トレンドを含まないときは，Dickey-Fuller 臨界値は -2.89 である．係数 ρ の t 値がこの臨界値よりも絶対値で小さいときは，単位根があるという仮説を受け入れることになる．もっとも，t 値がこの臨界値にきわめて近い場合は，慎重な判断が必要になる．OPEC の石油禁輸や株式市況の暴落，あるいはイラク戦争のような突発的変化などがあるときは，時系列データそのものが単位根をもたなくても，見かけ上の動きで単位根が存在するという検定結果を示すことがある．実際には，トレンド定常な時系列と単位根時系列を直感的に区別することが困難な場合が多い．表 4.1 の推計結果は，Y_{t-1} の係数，すなわち $\rho = -0.04$ であるから，絶対値で 3.45 よりも小さいので，実質 GDP の時系列は単位根を含むという結論に至る．実は単位根の検定には，第 5 章で説明するように，Dickey-Fuller(DF) 検定，

augmented Dickey-Fuller(ADF)検定，Phillips-Perron(PP)検定などいろいろな方法があり，またモデルの中に定数だけを含めるか定数とトレンドを含めるかによって検定結果が異なる．さらに期間のとり方に大きく影響を受ける．したがって，分析目的にかなった単位根検定が検討されなければならない．本章の財政乗数の推計は，ADFによる単位根検定の結果，推計に用いられる時系列変数はトレンド定常であることを前提としている．

4.5 自己回帰分布ラグモデル

以下では自己回帰分布ラグモデル（ADLモデル，autoregressive distributed lag model）について検討する．ここで扱う時系列変数は，定常な変数に限定する．2つの変数 X, Y は，ともに定常な変数であることが前提になる．回帰分析の主たる目的は，方程式の右辺にある説明変数が左辺の被説明変数の変動にどの程度，影響を与えるかを測定することにある．説明変数は，タイムラグをもって被説明変数に影響を与えることがしばしばある．このようなときは，ラグ付きの説明変数を回帰方程式に含めることになる．また被説明変数自身のラグ付き変数が説明変数になることもある．これらを考えて，次のような自己回帰分布モデルがよく用いられる．まずモデルの式をみてみよう．

$$Y_t = \alpha + \delta t + \phi_1 Y_{t-1} + \cdots + \phi_p Y_{t-p} + \beta_0 X_t + \beta_1 X_{t-1} + \cdots + \beta_q X_{t-q} + \mu_t \quad (4.5)$$

被説明変数 Y_t は自分自身のラグ（p次）と，変数 X_t ならびに X のラグ付き変数（q次）に依存するかたちになっている．このモデルには決定的トレンド t も含まれている．Y の p 次のラグと q 次のラグを含むことから，このモデルはADL(p,q)と表現される．このモデルには，説明変数として X 以外にいくつもの変数を追加することも可能であるが，ここでは X だけというケースに限って説明しよう．

ADL(p,q)モデルの推計とその解釈は，時系列 X および Y が定常か非定常かによって異なりうる．いま X と Y はともに定常であるか，ともに単位根をもつかのいずれかであるとしよう．なぜなら，X と Y が異なる性質をもっていると X で Y を説明することが困難になるためである．たとえば，定常的な時系列で単位根をもつ確率的トレンド Y を説明するのは困難になる．

したがって，実際に時系列の回帰分析を行う前に，使用する時系列変数の1変量だけの性質をよく吟味しなければならない．従来の計量経済学に親しんでいる

研究者は，この点を改めて確認する必要がある．

4.6 時系列変数 X, Y がともに定常的であるときの ADL(p,q) モデルの回帰分析

X と Y が定常であるときは，ADL(p,q) 回帰モデルの推計は OLS 推計で行える．検定方法も通常の統計検定になる．t 検定，あるいは p 検定で p と q の次数を決定する．ただ，(4.5)式のかたちで推計すると，ラグ付き変数どうしが高い相関を示すために，マルチコを起こす．AR(p) モデルの被説明変数 Y の階差 ΔY をとって推計したのと同じく，ADL(p,q) モデルでも次のように階差をとって再定式化する．

$$\Delta Y_t = \alpha + \delta t + \rho Y_{t-1} + \gamma_1 \Delta Y_{t-1} + \cdots + \gamma_{p-1} \Delta Y_{t-p+1}$$
$$+ \theta X_t + \omega_1 \Delta X_t + \cdots + \omega_q \Delta X_{t-q+1} + \mu_t \quad (4.6)$$

ここで，θ は X_t のパラメータ，ω は ΔX のパラメータである．このモデルは，すでにみた ADL(p,q) モデル(4.5)とまったく同じである．一見，複雑にみえるが，回帰方程式であることには何の変化もない．線形の単純な回帰方程式のままである．このような表現によって，マルチコを回避することができる．さらに，推計された係数の解釈もこのかたちのほうが経済学的解釈をするにあたり利点がある．

4.7 時系列分析の長期総乗数の概念

通常の回帰方程式の係数を解釈するときは，「他の事情にして等しければ」という条件のもとでパラメータの係数の解釈をする．すなわち，方程式の中にある他の変数は固定したままで，関心のある変数が変化したときの被説明変数への影響をこの係数で測定するわけである．ADL(p,q) モデルでもこのような解釈は可能であるが，あまり一般的には行われない．むしろ，ADL(p,q) モデルでは長期 (long-run) の乗数，あるいは総乗数 (total multiplier) という概念に焦点を合わせる．経済学の教科書で使われる政府支出乗数などは読者もなじみであると思うが，ここでは，通常の乗数の概念よりも，タイムラグがあるために若干，複雑である．たとえば，X と Y は均衡状態 (steady state) にあるとしよう．つまり，X と Y は時間とともに変化していない状態をまず考えるわけである．次に，突如，

X が 1 単位だけ変化したとしよう．X の変化は Y に影響を与える．Y は変化しはじめ，やがて新しい均衡値に落ち着く．Y の旧均衡値と新均衡値との差は X が Y に与えた長期的な効果と考えることができる．これがここでの長期の均衡の概念である．

ここで少し注意が必要である．それは，X の恒久的な変化がもたらす Y への効果を，長期の乗数効果とここでは考えていることである．つまり，X の初期値が 1 単位変化して，初期値よりも 1 単位高い水準でその後ずっと維持されたとしたときの X の Y への影響を考えていることになる．これに対して，X の一時的な 1 単位だけの変化による Y への影響を知りたいという場合もありうる．長期的乗数効果は，この種の一時的効果を測定するものではないことに留意しよう．伝統的な回帰方程式の回帰係数は，このような「限界的」効果を測定している．(4.6) 式のもとでの長期的乗数効果は次式で得られることが知られている．

$$\text{ADL}(p, q) \text{モデルの長期乗数} = -\theta/\rho \qquad (4.7)$$

要するに，ADL モデルの Y_{t-1} と X_t のパラメータ係数，すなわち ρ と θ のみが長期乗数の測定では重要になるということである．ここで再び確認しておくべきことは，この前提として，X と Y はともに定常であるということである．ADL モデルで係数 ρ がゼロのときは，長期的な乗数は無限大となる．モデルが安定であるためには，係数 $\rho < 0$ でなければならない．現実の問題として，X と Y が定常であればこの条件が満足される．

4.8　仮想的長期乗数の計算例—PC 導入による販売促進実績効果測定—

ADL モデルの長期乗数の概念を用いて，ある企業の販売実績向上への効果を測定してみよう．過去 10 年間のパソコンの導入実績をみると，月平均で対前月比 0.01％ の伸び率である．他方，この企業の 10 年間における販売額の月別変化率を調べてみると，平均して 0.30％ の伸び率であった．いずれの場合も，これは平均値であるから，ある月は大きく伸び，ある月は減少していることになる．いま，このような時系列変数 X と Y を次のように定義する．

X = 企業の PC 導入の対前月比変化率（％）：過去の平均 = 0.01％

Y = 企業の販売額の対前月比変化率（％）：過去の平均 = 0.30％

ここで，X と Y は定常であることが大前提である．もう 1 つ，ここでは ADL(2, 2)

表 4.2 仮想的長期乗数の計算例：ADL(2, 2)モデルの推計結果

	係数	標準偏差	t 値	p 値
定数	−0.028	0.041	−0.685	0.495
Y_{t-1}	−0.120	0.013	−9.46	4.11 E − 15
ΔY_{t-1}	0.794	0.031	26.628	7.41 E − 43
X_t	0.125	0.048	2.605	0.011
ΔX_t	0.838	0.044	19.111	2.96 E − 33
ΔX_{t-1}	0.002	0.022	0.103	0.918
トレンド t	0.001	0.001	0.984	0.328

ほとんどのコンピュータソフトでは次のような標記をする．4.11E = 4.11×10^{-15}．

モデルが適切なモデルであるとしよう．この次数決定の仕方は，すでに第 2 章でみたとおりである．すなわち，モデルの選定についてはすでに必要な検定作業がなされたものと仮定して話を進める．

モデルの変数が定常であれば，ADL(2, 2) モデルの推計には OLS 推計を用いることができる．決定的トレンドモデルを推計した結果が，いま表 4.2 のようであったとする（Koop, 2000 を参照）．表 4.2 から，X_t の係数は 0.125，Y_{t-1} の係数は −0.120 である．前述の長期乗数の公式を用いて計算すると，長期乗数 = $-\theta/\rho$ = 1.042 になる．すなわち

$$長期乗数 = (-0.125)/(-0.120) = 1.042 \qquad (4.8)$$

以上の情報から，次のような推論が可能になる．

(1) この企業の毎月のパソコン購入予算の伸び率が対前月比で従来 0.01％増であったものを，これから 1.01％の伸び率に経営戦略として決定したとする．これまでの販売額対前月比は月平均 0.30％増であったわけだが，パソコン導入のテンポを高めると，長期的には，販売額の対前月比は 1.342％増となるであろう（当初の 0.3％＋長期乗数 1.042％＝ 1.342％）．

(2) パソコン導入率の，従来の月 0.01％増から 1.01％増への政策変更は，長期的には販売を 1.042％増加させる効果があると判断できる．

(3) Y_{t-1} ならびに X_t の係数は t 統計値から判断して，統計的に有意である．しかし，ΔX_{t-1} の係数の p 値ならびにタイムトレンドの p 値は 5％水準で統計的に有意ではない．したがって，ADL(2, 2) はあまりよいモデルとはいえない．このことは，ADL(p, q) モデルのラグの選択に問題があることを示している．

4.9 拡張的財政政策は経済成長率を高めるか？

次に，日本経済のデータを用いて，財政支出の長期乗数を測定してみよう．まず，Y_t は実質 GDP，X_t は実質財政支出（実質政府消費＋実質公的資本形成）として (4.6) 式を推計する（詳細の分析は Hendry and Doornik, 2006 を参照）．データは自然対数に変換してあるので，その階差 Δ は対前期（四半期）変化率になる．ここでの時系列変数は，PcGive を用いた ADF 単位根検定によって算出されたものである．この結果はトレンド定常であった（ADF 検定の結果は省略）．前の例に従い，簡単化のために ADL(2, 2) を前提にしている．

1) 推計期間とデータ

期間は 2 つに分けて推計した．

① 1974 年第 1 四半期～1989 年第 1 四半期（スミソニアン合意後からバブル崩壊直前までの期間）

② 1990 年第 1 四半期～2000 年第 1 四半期（いわゆる「失われた 10 年」）

推計される乗数には以下の 3 種類があり，標本期間中はこれらはすべてトレンド定常な変数である．

(1) 実質公的資本形成（すべて対数変換）
(2) 実質政府消費
(3) 実質財政支出（実質政府消費＋実質公的資本形成）

2) 推計結果のポイント

推計結果は表 4.3 にまとめてある．

(1) 公的資本形成の乗数は，バブル崩壊前は 0.12 と有意な推計結果を得た．しかし，バブル崩壊後では有意でない．公的資本形成はいわゆる公共事業であるが，この推計では，バブル崩壊後の公共事業の実質経済成長浮揚力は統計的には確認できないことになる．

表 4.3 財政支出の長期乗数の推計結果

	財政支出	政府消費	公的資本形成
1974 年第 1 四半期～1989 年第 1 四半期	0.12*	0.29*	0.12*
1990 年第 1 四半期～2000 年第 1 四半期	0.39*	0.53*	0.17

*：5%で有意．

(2) 他方，政府消費の乗数は，経済成長浮揚力は公共事業に比して相対的に安定しているという推計結果が出た．特に，バブル崩壊後の乗数は0.53とバブル崩壊前の0.29よりも各段大きな推計値であった．これはバブル崩壊後，政府が経常支出の費目の効率化を図ったからであろうか？ここではこの問題には立ち入らない．興味深いことは，同じ政府支出でも，バブル崩壊後なんらかの理由で，政府消費のほうが公共事業よりも，統計的には経済を安定して浮揚する力があることを示している点である．

(3) 政府消費と公共事業を合わせたものをここでは財政支出と呼ぶ．この総政府支出の乗数は，バブル崩壊は0.12，バブル崩壊後は0.39であり，2つの期間でともに有意な推計となっている．財政政策の景気下支えの効果は少なくとも認められるが，いずれにしても，財政支出の長期乗数はかなり小さなものであることがわかる．この意味でケインジアン政策には限定的な役割しか期待できそうにない．

3) 政策的含意

バブル崩壊以降（1990年第1四半期～2000年第1四半期）の財政長期乗数が0.39の場合を考えてみよう．この期間の四半期の平均実質経済成長率(対前期比)は0.39%であった．財政支出の平均対前期比伸び率は0.50%である．この期間で毎四半期の財政支出を，たとえば対前期比で0.50%の代わりに1%上乗せした場合を考える．つまり，継続的にずっと1.5%ずつ増加するような財政政策を採用した場合である．この推計によると，実質GDPの成長率は対前期比で0.39%しか増加しないという結果になる．つまり，実際の経済成長率は0.39%であるから，0.39 + 0.39 = 0.78%の平均経済成長を遂げたであろうという結論になる．財政拡大政策は，たしかに経済成長率を高めるが（公共事業に関しては，この期間については確定的なことがいえないのは前述のとおり），それほど強い景気維持効果は長期的にはないということになる．この測定結果は，日本の経済政策を論じるうえで重要な情報になる．財政拡大政策が，財政の硬直化，肥大化と密接に関係し，これが財政赤字を構造的に生み出すとすればもちろん問題である．この点に加えて，財政の拡大によって経済が拡大しても，その程度が0.39の長期乗数であるから，仮に税収のGDP弾力性が1以下であるとすれば（この前提は別途，正確に推計する必要がある），拡張的財政政策による経済拡大がもたらす財政収入の伸びは財政支出の伸びよりも低くなる．したがって，ますます財政赤字を拡

大させることになる.「構造改革こそ成長のために必要」とする論者には,上の推計は重要な論拠になるかもしれない.このように,財政支出の乗数の大きさがどのくらいであるかは,重要な政策含意がある.

　ここでの試算の結果は,財政支出はたしかに景気下支えの効果はあるが,あまり大きな期待ができないことを示唆している.思い切って,財政支出が日本経済の再生につながるかたちで再配分されるならば,長期財政乗数は試算したものよりも大きくなるかもしれない.しかし従来型の公共支出を繰り返すのでは,その効果は疑わしいものといえよう.もっとも,ここでの試算は単位根検定と ADL(2, 2)モデルの仮定に大きく依存している.本格的な政策論を行うには,まずこのあたりからの研究が必要である.本章の目的は,具体的な政策論を展開するうえで,時系列分析が援用しうることを例示するところにある.

5

Dickey-Fuller 検定と単位根の検定問題

　第1〜4章では時系列分析の諸概念を直感的に理解できるように説明した．感覚的な理解を一応できた読者が今後，本格的な時系列分析を実践できるようになるには，ある程度理論的な側面の理解が不可欠である．

　ここからは時系列分析の中級レベルを意識して，少し技術的な理解ができるように解説する．多くの概念はすでに説明されたものであるが，より詳細な理解が得られることを期待して，本章では単位根の検定問題と Dickey-Fuller 検定についてより詳しく述べる．特に3種類の Dickey-Fuller 検定について説明する．単位根検定が必要なのは，見かけ上の回帰分析を回避するためである．本章では，単位根検定が実は理論的に複雑な問題を抱えていることを説明する．

　5.1節では単位根問題の概要を，5.2節では時系列変数のシステムショックについて解説する．5.3節では d 次の和分の概念を，5.4節では Dickey-Fuller 検定をより詳細に説明し，3種類の Dickey-Fuller 検定量について述べる．5.5節では Dickey-Fuller 検定と t 分布の違いを解説する．5.6節では拡張された Dickey-Fuller 検定を紹介し，5.7節では名目円・ドル為替レートについて単位根検定の準備として，グラフ分布，正規性検定，コレログラム分析などを説明し，基本的な統計量についての理解を復習する．5.8節では具体例を3つのモデルに従って詳細に述べる．ここでは，基本的な統計量についての理解を復習するかたちで説明する．また，Dickey-Fuller 検定にトレンドを含むか否かで単位根検定が異なることを示す．5.8節では3つのモデルによる単位根検定の具体例を紹介する．

5.1 単位根問題の概要

単位根が存在するかどうかの検定が必要なのは，見かけ上の回帰分析を回避するためである．変数が単位根を含んでいる場合は，この変数は非定常である．この場合，他の非定常な変数と共和分関係を構成するといった事態が生じない限り，経済学的には意味のない回帰分析に陥る危険性がある．原則論的にいえば，モデルの変数のそれぞれの和分の次数（order of integration）を検定し，非定常であれば，定常過程になるまでに何回差分をとるかということまで確認しなければならない．しかし，単位根の存在の問題は実は理論的にかなりやっかいな問題を含んでいる．これらの問題をいくつかあげるならば以下のようなものがある．

単位根問題
- 時系列のデータが発生する過程（data generation process, d.g.p）は，タイムトレンド（確率的トレンドあるいは決定的トレンド）を有しているかもしれないという可能性を検討しなければならない．
- 真の d.g.p は，$Y_t = \rho Y_{t-1} + \mu_t$ のような単純な AR(1) よりもはるかに複雑なものであるかもしれない．つまり，移動平均（moving average, MA）の項を含むものであるかもしれない（この意味については第6章で説明する）．
- 有限個の標本を扱う場合（特に観測数が少ない場合）は，真の d.g.p が定常過程にあって，しかも単位根に近い値をもつときには，単位根を検定する標準的な方法は，「非定常である」とする帰無仮説を採択するほうにバイアスがかかることが知られている．
- 時系列の中に構造的な変化（ブレーク）がある場合，これが帰無仮説を過小棄却する原因になるという懸念がある．
- 四半期データについては，通常の単位根検定に加えて季節的単位根の検定が必要な場合がある．

5.2 時系列変数のシステム的ショック―弱定常性―

時系列変数の系列が突然変化をみせるとき，これをショックと呼ぶことがある．別の言い方をするならば，誤差項の値が予想外の変化（unexpected change）

をするときである.

- 時系列が定常であれば，時系列のシステムに対するショックは通常ゆっくりと減衰していく．すなわち，t 時点でのショックは $t+1$ 時点ではより小さなものになり，さらに $t+2$ ではより小さくなる．
- 時系列が非定常な変数であれば，ショックの効果は無限に残り，t 時点におけるショックの効果は $t+1, t+2, t+3, \cdots$ と時間が経過しても，小さなものにならない．

定常過程にある複数の変数が相互に独立したランダムなものである場合，1つの変数を被説明変数とし，他を説明変数として回帰方程式を求めると，変数間の相関関係はもともと存在しないので，推計された係数の t 値がゼロから大きく乖離することは期待されない．また決定係数 R^2 値もきわめて低いはずである．

2変数は互いに無関係な変数であるから，上記のことは明白である．しかし，この2変数がともにトレンドをもっている場合は，まったく関係がないにもかかわらず，回帰方程式は高い R^2 値を示すことになる．このような場合は意味のない回帰分析であるので，見せかけの回帰分析（spurious regression analysis）となる．定常な変数であれば回帰方程式の係数は t 分布になり，標本数が500であると95％の t 値が±2の間に落ちることが知られている．他方，非定常な変数の場合 t 値は異常に大きくなり，98％以上の t 値は絶対値で2以上になる．つまり，非定常な変数は最小二乗法（OLS）を用いることができない．

定常な系列は平均，分散が一定であり，所与のラグについての自己共分散も一定である．この性質は弱定常性（weak stationarity）と呼ばれる．

5.2.1 2つのタイプの非定常過程

非定常過程にある変数は，次のように2つのタイプが考えられる．①ドリフト付きランダムウォークモデルと②トレンド定常モデルである．

①ドリフト付きランダムウォークモデル（random walk with drift model）
$$y_t = \mu + y_{t-1} + \mu_t \tag{5.1}$$
②トレンド定常過程（trend stationarity process around a linear trend）
$$y_t = \alpha + \beta t + \mu_t \tag{5.2}$$
ここで，μ_t はホワイトノイズの攪乱項，α, μ は定数，β はトレンド t の係数である．

5.2.2 ドリフト付きランダムウォークモデルにおける非定常性

ドリフト付きランダムウォークモデルは切片（drift）をもっている．このモデル(5.1)を次のように一般化する．

$$y_t = \mu + \phi y_{t-1} + \mu_t \tag{5.3}$$

- $\phi > 1$ のときは爆発的な過程であるので，通常，経済分析では無視される．
- $\phi = 1$ のときは単位根をもつ非定常過程であり，経済・金融関連のデータを描写するのに用いられる．

5.2.3 確率的非定常過程

データを発生させるメカニズム (d.g.p) が確率的トレンドを含んでいる場合が，確率的非定常過程（stochastic non-stationary process）である．説明を簡単にするために，(5.3)式の切片あるいは定数を除いて次のような式を考える．

$$y_t = \phi y_{t-1} + \mu_t \tag{5.4}$$

ϕ はいかなる値もとることができるものとする．y_{t-1}, y_{t-2} はそれぞれ次のように書ける．

$$y_{t-1} = \phi y_{t-2} + \mu_{t-1} \tag{5.5}$$

$$y_{t-2} = \phi y_{t-3} + \mu_{t-2} \tag{5.6}$$

(5.4)式の右辺に (5.5)式を代入すると

$$y_t = \phi(\phi y_{t-2} + \mu_{t-1}) + \mu_t = \phi^2 y_{t-2} + \phi \mu_{t-1} + \mu_t \tag{5.7}$$

これに (5.6)式を代入する．

$$y_t = \phi^2(\phi y_{t-3} + \mu_{t-2}) + \phi \mu_{t-1} + \mu_t = \phi^3 y_{t-3} + \phi^2 \mu_{t-2} + \phi \mu_{t-1} + \mu_t \tag{5.8}$$

このようにして T 回，代入を続けると次の式を得る．

$$y_t = \phi^T y_{t-T} + \phi \mu_{t-1} + \phi^2 \mu_{t-2} + \phi^3 \mu_{t-3} + \cdots + \phi^{T-1} \mu_{t-T+1} + \mu_t \tag{5.9}$$

以上から次の3つのケースが生じる．

［ケース1］ $\phi < 1$ のとき，ϕ^T は T が無限大になるとゼロに近づくから，時系列のシステムに対するショックは減衰していくことになる．つまり，これが定常過程のケースである．

［ケース2］ $\phi = 1$ のとき，$\phi^T = 1$ であるからショックはシステムの中で消滅することはない．この場合，T が無限大になると次のような式を得る．現在の y の値は，初期値 y_0 と過去のショックの無限の和をたし合わせたものになる．これが単位根のケースである．すなわち，確率的非定常過程は次のように表現できる．

$$y_t = y_0 + \sum_{t=0}^{\infty} \mu_t \tag{5.10}$$

［ケース3］ $\phi > 1$ のとき，所与のショックは時間とともに増大し，爆発的な増大を示す．

以上みたように，非定常過程について関心があるのは $\phi = 1$ の場合であるが，ドリフト付きランダムウォークモデルは切片を含む (5.3)式を指す．このモデルは確率的非定常（stochastic non-stationary）とも呼ばれる．つまり，データの中に確率的なトレンドがある．

古典的計量経済学の方法論における受難の時期

1950年代から1960年代にかけては，古典的計量経済のモデルのつくり方あるいは方法論については，少なくとも一応のコンセンサスが成立していた時期であった．一定の制約と情報セットのもとで経済主体のなんらかの最適化行動が考察され，それに基づく消費，所得，インフレなどを説明する数学的な経済理論がモデル化された．経済理論は所詮，厳密なものではありえないという意味で，経済理論と現実のギャップは「誤差部分」としてとらえられていた．「誤差項」はこれらの計量モデルに付け加えられる1つの工夫であった．そして，経済理論で用いられる変数に対応する経済データが集められ，おびただしい数の回帰方程式が推計されるようになった．計量モデルの体系内にある方程式は，企業，消費者，政府などそれぞれの経済主体の意思決定メカニズムの「構造」の特徴をなぞるものとして考えられたわけである．さまざまな経済活動を回帰方程式で推計し，これらの回帰方程式を同時に解くことにより，実際経済の経路が正確に追跡されると考えられた時代がしばらく続いたのである．

このような「構造モデル」と呼ばれる計量経済モデルが受難の時期を迎えたのは，1973年の石油危機の発生であった．石油危機の後，国際経済が受けた衝撃は，経済の計量モデルの信頼性にも影響を与えた．すなわち，推定された構造パラメータが変化してしまい，計量モデルが，激変する実際の経済の動きを説明できなくなったとする理解が広まっていった．計量経済学に対する懐疑的な目は，経済学者の間だけではなく，企業の経営者や政治家にも広がり，「学者先生の知的なお遊び」としてとらえられることもしばしばであった．数学の方程式がぎっしり詰まった計量経済学を敬遠する学生が増えるのも，ある意味では理解できないことではない．かくして新たな計量経済学の方法論が模索されるようになった．こうした流れの中で単位根の研究が進み，「Grangerの因果性」で知られるGrangerやARCHモデルの

Engle，前述の Hendry などの貢献がなされるようになる．

5.2.4 トレンド定常過程

(5.2)式で表現されるトレンド定常過程モデルは，決定的非定常モデル（deterministic non-stationarity model）とも呼ばれる．この場合は，トレンドを除去（detrending）することが必要になる．まず回帰式(5.2)を求めた後，残差に基づく推計を求める．

5.2.5 トレンド定常と階差定常

いま，次のように定義する．

$$\Delta y_t = y_t - y_{t-1} \tag{5.11}$$

これをラグオペレータ L を用いて表現すると次のようになる．

$$Ly_t = y_{t-1} \tag{5.12}$$

したがって，次のような関係を書くことができる．

$$(1-L)y_t = y_t - Ly_t$$
$$= y_t - y_{t-1} \tag{5.13}$$

(5.2)式の両辺から y_{t-1} を差し引くと，次の関係が得られる．

$$y_t - y_{t-1} = \mu + \mu_t \tag{5.14}$$

これは次のようにも表現できる．

$$(1-L)y_t = \mu + \mu_t \tag{5.15}$$

(5.11)式の新たな変数 Δy_t は定常な変数である．1階の階差をとることによって定常になる変数は，階差定常と呼ぶ．

5.2.6 決定的非定常と確率的非定常を含む一般的モデル

これに対して，階差をとる前の変数 y_t は単位根をもつ．トレンド定常と階差定常については次のような注意が必要である．

- トレンド定常の1階の階差をとると非定常性を取り除くことができるが，次に説明する MA(1) の構造を誤差項に持ち込むという犠牲が伴う．

これは次のように理解できる．(5.2)式より，

$$y_{t-1} = \alpha + \beta(t-1) + \mu_{t-1} \tag{5.16}$$

つまり，次のように書ける．

$$\Delta y_t = \beta + \mu_t - \mu_{t-1} \tag{5.17}$$

誤差項に移動平均（MA）と呼ばれる項が入り込んでいる．さらに，後述するように非反転可能性（non-invertable）MAであるため，自己回帰過程（AR）として表現できないことがわかっている．この場合，Δy_t は好ましくない性質を有している．逆に，

- 確率的トレンドをもつ時系列のトレンドを除去すると，非定常性は取り除くことができない．

したがって，上のどちらを選択すべきかは必ずしも明白ではない．そこで1つの可能性として，両者を含む（nest），より一般的なモデルを考えることがある．たとえば，

$$\Delta y_t = \alpha_0 + \alpha_1 t + (\gamma - 1) y_{t-1} + \mu_t \tag{5.18}$$

このモデルは，決定的非定常と確率的非定常を同時に考慮できるモデルである．

反転可能性

q 次の MA モデルは MA(q) と表される．攪乱項がホワイトノイズの一次結合であり，t 期のホワイトノイズと過去のホワイトノイズが次のように表現される．

$$y_t = \mu + \mu_t + \theta_1 \mu_{t-1} + \theta_2 \mu_{t-2} + \cdots + \theta_q \mu_{t-q}$$

高次の自己回帰(AR)モデルは，しばしば低次の MA モデルで近似できることが知られている．MA(1) モデルでは

$$y_t = \mu + \mu_t - \theta_1 \mu_{t-1}, \qquad |\theta_1| < 1$$

これは

$$\mu_t = -\mu + y_t + \theta_1 \mu_{t-1}, \qquad |\theta_1| < 1$$

である．したがって，AR(1) から MA(∞) を求めるのと同じように

$$\mu_t = -\frac{\mu}{1-\theta_1} + \sum_{i=0}^{\infty} \theta_1^i y_{t-1}$$

を得る．ここで，$|\theta_1| < 1$ は MA(1) を AR 表現するための反転可能性条件という．

5.3 d 次 の 和 分

変数 y_t が d 次の和分（integration of order d）であるときは，$y_t \sim I(d)$ と表現する．単位根を含まない過程は $I(0)$ である．$I(0)$ 過程は定常であり，$I(1)$ 過程は非定常である．単位根が2個あるときは，階差を2回とることによって定常な変数になる．

$I(0)$ のグラフは平均値を超えたり下回ったりするグラフとなるが，$I(1)$，$I(2)$ は平均値からしだいに離れていく．大部分の金融，経済データは単位根をもつが，いくつかの国々の時系列統計をみると，たとえば名目賃金，消費者物価は単位根を2つもっているという報告もある．

5.4 Dickey-Fuller 検定

単位根過程に対するショックは無限に残るので，自己相関関数からこれを吟味すればよいと考えられることがある．しかしながら，ランダムウォークの自己相関係数はきわめて緩慢にゼロに収斂するようにみえることがある．このような場合，本当は非定常過程であるにもかかわらず，定常過程であると見誤ることがある．またデータを発生させている過程（d.g.p）は単位根を有しているのに，標本数が限られているために単位根検定が定常であることがある．このような問題があるために，単位根の仮説検定の手続きが要請されることになる．この分野でのパイオニア的な仕事は Dickey (1976) や Dickey and Fuller (1979) による貢献である．このほかにも，単位根を検定する方法はいくつか知られている．本章では Dickey-Fuller（DF）検定を主に説明する．この方法は，帰無仮説は「単位根を含む」というものであり，対立仮説は「時系列は定常である」とするものである．このほかに，Sargan-Bhargava (1983)，CRDW 検定（Durbin-Watson 統計値（DW 比）に基づく），Phillips and Perron (1987) のノンパラメトリック検定などがあるが，DF検定はこの中で最もよく使われている方法である．これは簡素で一般的な性質を帯びているからであろう．

最も簡単な DF 検定は，次の式を推計することである．すなわち

$$y_t = \rho_a y_{t-1} + \mu_t \tag{5.19}$$

あるいは

$$(1-L)y_t = \Delta y_t = (\rho_a - 1)y_{t-1} + \mu_t \qquad (5.20)$$

ここで

$$Ly_t = y_{t-1} \qquad (5.21)$$

(5.20)式を利用する場合は，帰無仮説 $H_0 : \rho_a = 1$，対立仮説 $H_1 : \rho_a < 1$ の検定になる．これは $(\rho_a - 1) = \rho_a^*$ を帰無仮説とし，$\rho_a^* < 0$ を対立仮説と考えることと同じである．Dickey-Fuller 検定統計値は τ（タウ）検定と呼ばれる．

仮説検定には通常 t 検定を用いるが，非定常性のもとでは，統計値が標準の t 分布に従わず，Dickey-Fuller の分布に従う．これは (5.19)式を d.g.p として，この d.g.p に $\rho_a = 1$ とする帰無仮説を制約条件として課し，正規分布をしている μ_t の標本をランダムに抽出する．この標本の分布は Monte Carlo 法で計算した分布である．こうして，y_t の標本を何千とつくり出すが，これらはすべて (5.19) 式の d.g.p と整合的である．y_t は (5.19)式に従って回帰される．$\rho_a = 1$ という帰無仮説が真であるときに，単位根が存在するという帰無仮説を，モデルがどのようなパーセンテージで棄却するかを計算する．ここでは，ρ_a の値は変化させることができるようになっている．DF の分布は次式で計算される（SE は標準誤差）．

$$(\rho_a - 1)/\mathrm{SE}(\hat{\rho}) \qquad (5.22)$$

3 種類の τ 検定

上の式から，それぞれの有意水準（たとえば 10％，5％，1％）で単位根の帰無仮説を棄却する臨界値が得られる．τ 検定統計値（テスト値）と呼ばれるが，これには τ，τ_μ，τ_τ の 3 種類ある．τ_μ は定数を含むモデルの検定統計値，τ_τ は確定的トレンドモデルに対応するものである．

いま，ランダムウォークモデル $y_t = y_{t-1} + \mu_t$ を考える．以下の検定 1 ～ 3 にそれぞれ τ，τ_μ，τ_τ の検定統計値が対応する．

［検定 1］ τ 検定統計値
帰無仮説：時系列は単位根を有する．　$H_0 : y_t = y_{t-1} + \mu_t$
対立仮説：時系列は定常である．　$H_1 : y_t = \phi y_{t-1} + \mu_t, \; \phi < 1$

［検定 2］ τ_μ 検定統計値（定数を含むモデル）
帰無仮説：時系列は単位根を有する．　$H_0 : y_t = y_{t-1} + \mu_t$

対立仮説：$\phi<1$ である．ドリフト付き定常 AR(1)，
$$H_1: y_t = \phi y_{t-1} + \mu + \mu_t, \quad \phi<1$$
[検定3] τ_τ 検定統計値（ドリフト付き決定的モデル）
帰無仮説：時系列は単位根を有する．　$H_0: y_t = y_{t-1} + \mu_t$
対立仮説：ドリフト付き AR(1) ならびに確定的トレンド，
$$H_1: y_t = \phi y_{t-1} + \mu + \mu_t + \lambda_t, \quad \phi<1$$

5.5　Dickey-Fuller 検定の臨界値と t 分布の臨界値の比較

なぜ，t 検定を用いると単位根を有すると仮定する帰無仮説を過剰に棄却する傾向が強くなるのかについて以下で説明する．

テスト統計値が臨界値に比して絶対値でみてより大きな場合，「単位根が存在する」という帰無仮説は棄却され，対立仮説の定常性が判断される．非定常な時系列では，t 値は平らな分布に従うために，単位根の検定には適切でないことをすでに繰り返し説明してきたが，いま，Dickey-Fuller 検定の臨界値と t 検定の臨界値を比較してみる（表5.1）．たとえば (5.2)式のモデルを y_t 時系列で推計した結果，推計された y_{t-1} の係数の t 値が -1.82 であったとする．表5.1 の DF τ 分布の5%有意水準の数値から判断すると，臨界値は -1.95 であるから，絶対値でみると $|-1.95| > |-1.82|$ である．したがって，すべての標本サイズについて，非定常であるという帰無仮説を受け入れねばならないことになる．しかし標準的

表5.1　DF 検定と t 検定の臨界値

標本数	τ		τ_μ		τ_t	
	有意水準					
	1%	5%	1%	5%	1%	5%
DF 分布						
25	-2.66	-1.95	-3.75	-3.00	-4.38	-3.60
50	-2.62	-1.95	-3.58	-2.93	-4.15	-3.50
100	-2.60	-1.95	-3.51	-2.89	-4.04	-3.45
t 分布						
∞	-2.33	-1.65	-2.33	-1.65	-2.33	-1.65

DFτ 分布の5%有意水準をみる．この値はすべての標本サイズについて，推計された係数の t 値 -1.82 よりも絶対値で大きい．他方，t 検定では，臨界値は -1.65 である．

な t 検定では，臨界値は $|-1.65|$ であるから，帰無仮説は棄却されることになる．この例からわかるように，t 検定だけでは，帰無仮説を過剰に棄却する結果になる．つまり，定常過程にあるという判定をする傾向になることがわかる．

5.5.1 非定常過程のドリフト付きランダムウォークモデルの単位根検定

(5.1)式を用いて単位根検定を行うには，次のような前提が満足されていなければならない．つまり，非定常過程のドリフト付きランダムウォークモデルの単位根検定を行うことになる．

- 変数 y_t を発生させる d.g.p は平均ゼロでトレンドがない一次の自己回帰過程である（すなわち決定的変数はない）．
- d.g.p は $t=0$ 時点でゼロである．なぜならば，決定的な変数のないモデルでは，時系列の平均は帰無仮説のもとでは初期値によって決定されてしまうからである．したがって，(5.1)式を用いるのが有効になるのは時系列の平均がゼロのときだけである．

5.5.2 定数を含むモデルの単位根検定

d.g.p の真の平均を知っているのであれば，(5.1)式からその平均を差し引き，そして (5.1)式を単位根検定に用いることができるであろうが，われわれが真の平均を知ることは実際にはありえない．したがって，次式のように，定数 μ_b を回帰方程式に含めた方がよい．

$$\Delta y_t = \mu_b + (\rho_b - 1) + \mu, \qquad \mu_t \sim iid(0, \sigma^2) \tag{5.23}$$

このようなケースの DF 分布は表 5.1 の中にある τ_μ で与えられている．

しかし，(5.23)式は次のようなときには問題がある．たとえば，真の d.g.p が決定的トレンドをめぐる定常過程であるとしよう（(5.2)式参照）．このとき(5.23)式が，この時系列に単位根があるか否かの検定に用いられている．真のデータ発生過程（d.g.p）はトレンドの部分を含んでいるから，$\hat{\rho}_b = 1$ でなければならない．この場合，$\hat{\mu}_b$ は (5.2)式の β の係数となる（トレンドの係数）．これは，真の d.g.p は決定的トレンドを含んでいるのにもかかわらず，非定常な確率的トレンドがあることを認める結果になってしまう．

5.5.3 非定常な決定的トレンドモデルの単位根検定

τ_τ の検定統計値は，上述したことを考慮したものである．現実の問題として，帰無仮説が確率的トレンドで，対立仮説はトレンド定常である場合が最も頻繁に使われると思われる．このような理由から，時間のトレンドを単位根検定に用いるモデルに含めることが必要になる．

$$\Delta y_t = \mu_c + \gamma_c t + (\rho_c - 1)y_{t-1} + \mu_t \tag{5.24}$$

上の式では確率的トレンドと決定的トレンドをもつことが可能である．この場合は追加的項目で，たとえば t^2 を加えることで単位根検定をできるようにする．しかし，これはあまり実際には問題にはなりそうにない．というのは，変化率（対数表示の場合）が増大（減少）し続けることは，経済分析ではありえそうもないからである．したがって，決定的トレンドをもった単位根検定が実施されることはなさそうである．

5.6 補強された Dickey-Fuller 検定

5.5 節の検定が有効であるためには，攪乱項 μ_t がホワイトノイズであることが要請される．特に μ_t は自己相関がないものと仮定されている．しかしながら，回帰式の被説明変数 Δy が正しくモデル化されないままで自己相関があれば，μ_t は自己相関をもつことになる．これを修正するには，被説明変数の p 次のラグを補って検定することになる．

単純な AR(1) DF モデルを用いて，実は AR(p) 過程にある y_t を検定することが考えられる．この場合，y_t のダイナミックな構造が正しく特定化されなかったために，誤差項が自己相関を示すことになろう．このような自己相関する誤差項は DF 検定を無効にしてしまう．いま，y_t は p 次の自己相関過程にあるものとしよう．

$$y_t = \Psi_1 y_{t-1} + \Psi_2 y_{t-2} + \cdots + \Psi_{p-1} y_{t-p+1} + \mu_t, \quad \mu_t \sim \mathrm{iid}(0, \sigma^2) \tag{5.25}$$

あるいは

$$\Delta y_t = \Psi^* y_{t-1} + \Psi_1^* \Delta y_{t-1} + \Psi_2^* \Delta y_{t-2} + \cdots + \Psi_{p-1}^* \Delta y_{t-p+1} + \mu_t, \quad \mu_t \sim \mathrm{iid}(0, \sigma^2) \tag{5.26}$$

ただし

$$\Psi^* = (\Psi_1 + \Psi_2 + \cdots + \Psi_p) - 1 \tag{5.27}$$

である．いま，帰無仮説が $\Psi^* = 0$ であるとしよう（対立仮説は $\Psi^* < 0$ である）．この場合は，y_t は単位根をもつ．

このように ADF（augmented DF）検定は DF 検定と類似しているが，被説明変数のラグ付き1階の階差を未知数の数だけ付け加えたものである．このようにして，モデルから落とされている自己相関のある変数で，誤差項に入ってしまっているものをとらえるわけである．テストは Ψ^* について行われ，表 5.1 の DF 検定の表と同じ臨界値を使うことができる．

問題は，最適なラグの次数をどう決定するかである．ラグの次数が低すぎると，すべての自己相関を除くことができない．逆にラグの次数が高すぎると，係数の標準誤差が大きくなってしまう．パラメータの数が増大してしまうために，自由度を使いすぎてしまい，この結果，検定統計値の絶対値が小さくなり，検定の検定力が落ちてしまう．つまり，本当は定常である変数が単位根を有していると判断されてしまう傾向が強まる．単位根検定を正しく行うには，市販のソフトでは PcGive が最も信頼できる．

Dickey-Fuller 検定ならびに Phillips-Perron 検定に対する批判

ADF テストに類似したのが，Phillips-Perron 検定である．自己相関する残差項を考慮して，自動的に誤差を修正する工夫が凝らされている．ADF とほぼ同じ結果をもたらすが，両者には共通の難点がある．たとえば，AR(1) の時系列で，真の d.g.p が次のようであるとする．

$$y_t = 0.95 y_{t-1} + \mu_t$$

この係数が 1 であるか 0.95 であるかを小標本で決定しなければならない場合，この検定法は検定力がないというのが一般的な批判である．帰無仮説を棄却できないのは，帰無仮説が正しいか，あるいは標本の中に十分な情報がないかのどちらかである．このような場合は，定常性検定と単位根検定をともに行うしかない．

5.7　PcGive による名目円・ドル為替レートの単位根検定の例

次に，以上で説明した3つのモデルに従って，円・ドル為替レートの単位根検定を PcGive を用いて具体的に説明する．図 5.1, 5.2 でみる円・ドル為替レート

（名目）は 1970 年第 1 四半期〜 2001 年第 2 四半期のデータを用いる．以下，名目円・ドル為替レートは EXR と記す．

5.7.1　グラフ分析

図 5.1 は，EXR の推移を示したものである．標本の期首は，1 ドル当たり 357 円であったものが 1995 年第 2 四半期では 84 円と円高を記録し，標本期間末は 121 円である．総じて右肩下がりになっている．他方，EXR の対数をとった時系列の 1 階の階差は EXR の変化率を表す．これを図 5.2 に示す．

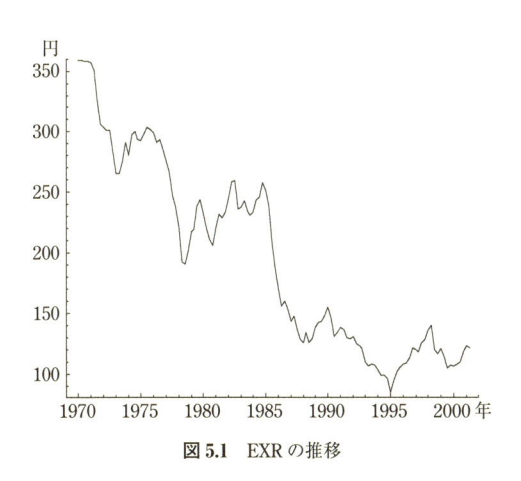

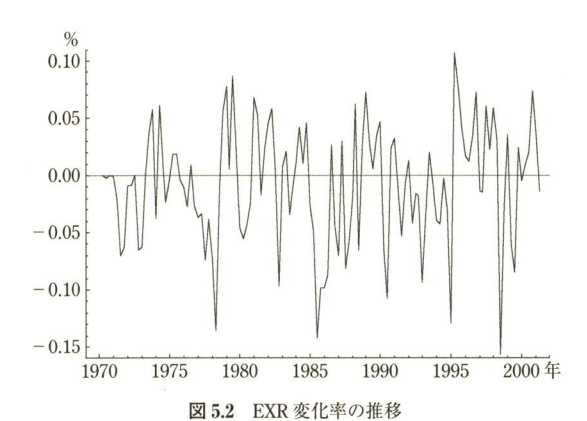

図 5.1　EXR の推移

図 5.2　EXR 変化率の推移

表 5.2 EXR の記述統計量(標本期間:1970(1)〜2001(2))

〈平均値と標準偏差〉

	EXRL	dEXRL
平均値	5.1868	−0.0086902
標準偏差	0.40730	0.051579

〈相関行列〉

	EXRL	dEXRL
EXRL	1.0000	0.0016866
dEXRL	0.0016866	1.0000

EXRL:EXR の対数,dEXRL:EXRL の 1 階の階差.

5.7.2 標本平均,標準偏差,相関行列

まず,2 つの変数 EXR, dEXR の記述統計量(descriptive data)分析をしておく.表 5.2 は EXR ならびに dEXR の平均,標準偏差および相関係数を示したものである.

変数 x の標本標準偏差 $\hat{s}$ ならびに x と y との標本相関は,次の公式から計算される.平均は $\hat{x}$ である.

$$\text{標本平均} \quad \hat{x} = \frac{1}{T}\sum_{t=1}^{T} x_t \tag{5.28}$$

$$\text{標本標準偏差} \quad \hat{s} = \sqrt{\frac{\sum_{t=1}^{T}(x_t - \hat{x})^2}{T-1}} \tag{5.29}$$

$$\text{標本相関係数} \quad r_{xy} = \frac{\sum_{t=1}^{T}(x_t - \hat{x})(y_t - \hat{y})}{\sqrt{\sum_{t=1}^{T}(x_t - \hat{x})^2 \sum_{t=1}^{T}(y_t - \hat{y})^2}} \tag{5.30}$$

表 5.2 から明らかなように,EXR は dEXR とほとんど相関関係はない.他方,後にみるように,自己の 1 次ラグを伴った変数とは高い相関がある.

5.7.3 正規性検定

EXR の正規性検定(normality test)では表 5.3 の平均,標準偏差,歪度,超過尖度の 4 つのモーメントを用いる.標準正規分布 $N(0, 1)$ の 4 つのモーメントはそれぞれ次のような値になる.

平均 = 0,標準偏差 = 1,歪度 = 0,超過尖度 = 0

ここで,これらの概念を復習しておこう.基準化したデータの各観測値を 3 乗した値の平均値を歪度という.4 乗した値の平均値は超過尖度である.歪度は分布が左右対称か否かを測定し,超過尖度は分布の裾の長さを表す.対称に分布し

5.7 PcGive による名目円・ドル為替レートの単位根検定の例

表 5.3 EXRL の正規性検定

標本数	126
平均	195.31
標準偏差	78.245
歪度	0.39219
超過尖度	− 1.1498
最小値	84.430
最大値	358.55
漸近性検定：$\chi^2(2) =$	10.171[0.0062]**
正規性検定：$\chi^2(2) =$	26.110[0.0000]**

[・]：p 値，**：1%水準で有意．

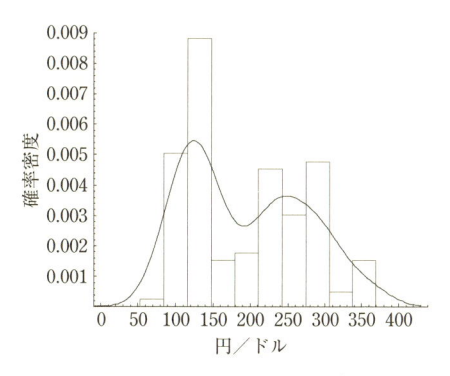

図 5.3　円・ドルレートの分布

ているときは歪度はゼロとなる．EXR の分布（図 5.3）をみてみよう．歪度の値がゼロから離れているほど，非対称度は大きくなる．歪度が正値であるときは左に偏った分布を示し，負値ならば右に偏る．データが正規分布に従うならば，超過尖度は 0 に近くなる．尖度の値が 0 以上であると，分布の中央と両端の部分が中央で尖りが大きくなり，両端が長い裾をもつ形状を示す．このように，正規性検定は歪度と超過尖度の関数である．表 5.3 では正規性検定の χ^2 の値は 26.1 であるが，その確率はゼロである．よって，EXR は正規分布に従うということはありそうもないことになる．

円・ドルレート変化率の正規性検定に用いる 4 つのモーメントは表 5.4 に示した．dEXR の分布（図 5.4）をみると，$N(-0.0086, 0.051)$ の分布と有意な差はないことがわかる．以上のことから，変数 EXR は 1 階の自己相関過程 AR(1)

表 5.4　dEXRL の正規性検定

標本数	125
平均	− 0.0086902
標準偏差	0.051373
歪度	− 0.41995
超過尖度	0.0097640
最小値	− 0.15645
最大値	0.10737
漸近性検定：$\chi^2(2) =$	3.6746[0.1593]
正規性検定：$\chi^2(2) =$	4.2145[0.1216]

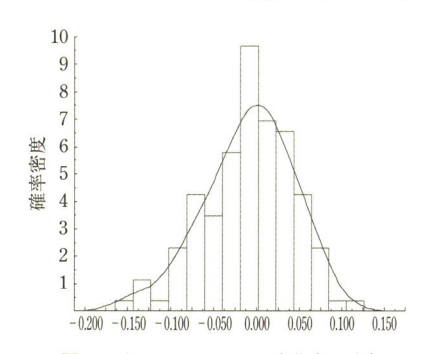

[・]：p 値．

図 5.4　円・ドルレートの変化率の分布

に従うであろうことがほぼ確認できた．数学的には以下のように表現できる．すなわち，

$$\mathrm{EXR}_t = \alpha + \beta \mathrm{EXR}_{t-1} + \varepsilon_t, \quad t = 1, \cdots, T \quad (5.31)$$

ここで，α は切片，β はパラメータ，ε_t は誤差項である．$\beta = 0$ のときは，EXR は切片（定数）の周りを変動するランダム変数である．$\beta = 1$ のときは，ΔEXR はランダム変数となる．誤差項は平均 = 0，分散 = 一定という仮定に従うものとされる（(3.12), (3.13)式参照）．

5.7.4 コレログラム分析

次に，自己相関関数（コレログラム）をみてみよう．EXR は自己のラグ変数と高い相関を示している（図5.5，表5.5）．他方，dEXR では相関はそれほど高くない．dEXR は正規分布に類似した分布をしていることがここに反映されている．

自己回帰（AR）は，自己回帰分布ラグ（ADL）モデルに属する．これをいま推計する（表5.6）．

(5.32)式はこの推計結果である．

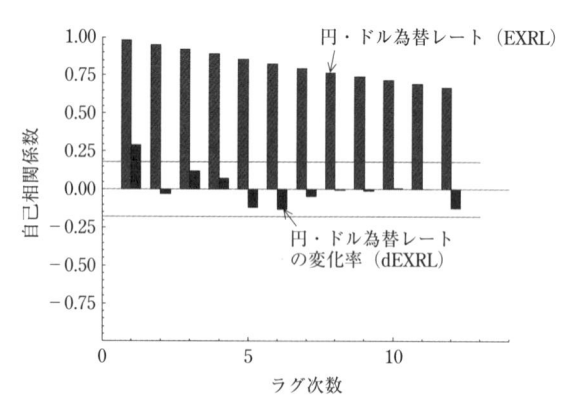

図5.5 EXR と dEXR の自己相関係数

表5.5 EXR のコレログラム（ACF）（標本期間：1971(1)〜2001(2)）
〈EXR：標本コレログラム（ACF）（ラグ1〜12）〉

0.97142	0.93684	0.90066	0.86218	0.82259	0.78513
0.75445	0.72830	0.70379	0.67974	0.65449	0.63337

たとえば，ラグ2の相関係数は 0.93684，ラグ7は 0.75445 となる．

表 5.6　EXR（対数表示）モデルの OLS 推計（推計期間：1970(2)〜2001(2)）

	係数	標準偏差	t 統計値	p 値	偏決定係数
EXRL_1	0.984420	0.01124	84.1	0.000	0.9829
切片	0.0722578	0.05859	1.18	0.241	0.0112

方程式標準誤差	0.051389		残差平方和	0.324821931
決定係数 (R^2)	0.984209		$F(1,123)$	7666[0.000]**
対数尤度	194.682		DW比	1.41
観測値の数	125		パラメータの数	2
平均	5.18678		分散	0.164563

EXRL：EXR の対数，[・]：p 値．**：1%水準で有意．

$$\text{EXRL} = 0.9844\,\text{EXRL\_1} + 0.07226 \tag{5.32}$$
$$(\text{SE})\quad (0.0112)\qquad\quad (0.0586)$$

表 5.6 から (5.31) 式の係数の推計値が得られるが，それぞれの推計値の右の数値は標準偏差である．β についてみると，$\hat{\beta}:(0.9844\pm 2\times 0.01124)$ が 95% 信頼区間の値を与えてくれる．$\hat{\beta}$ は t 分布に従う．自由度は $125-2=123$ である．しかし，後にみるようにこの仮定は有効ではないことがありうるのである．$\hat{\beta}$ の t 値を用いる検定方法もある．この場合は，$H_0:\beta=0$ という帰無仮説を立てる．$t_\beta>2$ または $t_\beta<-2$ であれば，この帰無仮説を棄却することができる（5%有意水準）．

$$t_\beta = \frac{\hat{\beta}}{\text{SE}(\hat{\beta})} = \frac{0.9844}{0.01124} = 87.58 \tag{5.33}$$

上で計算された 87.58 は 2 よりもはるかに大きいから，β がゼロであるということはありそうもない．

5.7.5　単位根検定

(5.31) 式について，β が 1 であるかどうか，すなわち $H_0:\beta-1=0$ であるかどうかを調べてみる．t 値は次のように計算する．

$$\frac{0.9844-1}{0.01124} = -1.38 \tag{5.34}$$

(5.31) 式の両辺から EXR_{t-1} を差し引くと次のような関係が得られる．

$$\text{dEXR} = \text{EXR}_t - \text{EXR}_{t-1} = \alpha + \beta\text{EXR}_{t-1} - \text{EXR}_{t-1} + \varepsilon_t \tag{5.35}$$

表 5.7 dEXR(対数表示)モデルの OLS 推計(推計期間:1970(3)〜2001(2))

	係数	標準偏差	t 統計値	p 値	偏決定係数
dEXRL_1	0.294345	0.08652	3.47	0.001	0.0898
切片	−0.00621152	0.004525	−1.44	0.152	0.0167

方程式標準誤差	0.049691	残差平方和	0.301241382
決定係数 (R^2)	0.0866522	$F(1,122)$	11.57[0.001]**
対数尤度	197.299	DW比	1.92
観測値の数	124	パラメータの数	2
平均	−0.0087585	分散	0.00265985

dEXRL:EXR(対数)の1階の階差, [・]:p 値, **:1%水準で有意.

または

$$\Delta \text{EXR}_t = \alpha + (\beta - 1)\text{EXR}_{t-1} + \varepsilon_t \tag{5.36}$$

つまり,dEXRL(EXRL の1階の階差)を被説明変数,右辺の説明変数を EXR_{t-1} と切片の定数とする回帰式を最小二乗法(OLS)で推計する.

表 5.7 から残差平方和は 0.301241382 であり,EXRL の回帰式のものとほぼ同じである.表 5.6 の推計では決定係数 R^2 は 0.984209,$F(1,123) = 7666[0.000]^{**}$ であったものが,dEXRL の回帰式では大きく変化していて,$R^2 = 0.0866522$,$F(1,122) = 11.57[0.001]^{**}$ である.帰無仮説 $H_0: \beta - 1 = 0$ は単位根検定である.つまり,EXRL は非定常な時系列であるとする帰無仮説である.この帰無仮説のもとでは,t 分布を用いることはできない.もし EXR が単位根を有しているならば,一次和分 $I(1)$ である.これは,dEXRL は $I(0)$ であるということと同じである.

5.7.6 3つのモデルによる単位根検定

すでにみたように,Dickey-Fuller の分布は定数を含むかトレンドを含むかによって異なる.つまり次のような3つのモデルが考えられる.

① $\Delta y_t = \alpha + (\beta - 1)y_{t-1} + \varepsilon_t$ (5.37)
② $\Delta y_t = \alpha + (\beta - 1)y_{t-1} + \mu_t t + \varepsilon_t$ (5.38)
③ $\Delta y_t = (\beta - 1)y_{t-1} + \varepsilon_t$ (5.39)

次節では,以上の3つのモデルによる単位根検定について詳しく説明する.

5.8 3つのモデルによる単位根検定の具体例

5.8.1 定数モデル

まず，(5.37)式のモデルを考える．これを定数（コンスタント）モデルと呼ぼう．PcGive は ADF 検定の結果を表 5.8 に出力として打ち出している（PcGive では，これを総括表（summary report）と呼んでいる）．

DW-EXR は EXR の Durbin-Watoson 比である．ADF-EXR は EXR の ADF 検定であり，-2.043 である．PcGive での臨界値は Mackinnon (1991) の Response surface に基づく計算から得られたものである．これによると，臨界値は 5％水準で -2.885, 1％水準で -3.485 である．絶対値でみて，ADF-EXR は臨界値よりも小さいので，帰無仮説 $H_0 : \beta - 1 = 0$ は棄却することができない．したがって，EXR は単位根をもつように思われる．他の統計検定の場合と同様，この結論を採用するには慎重な吟味が必要である．図 5.1 をみると，1971 年，1974 年，1979 年，1985 年，1987 年，1995 年のように経済システムに予期されない大きなショックが加わり，経済の構造パラメータが従来の値と異なる場合，為替レートなどの変数が大幅に不安定な動きを示す．これをブレークと呼ぶ．これらはそれぞれ，第 1 次，第 2 次石油ショック，国際通貨制度，日本のシステミック金融危機などで為替レートが大幅に揺れた年である．こうしたブレークがあると，定常

表 5.8 EXR の ADF 検定結果

	係数	標準偏差	t 値
EXR_1	-0.022083	0.010807	-2.0435
切片	3.0098	2.2324	1.3482
DEXR_1	0.41361	0.090625	4.5640
DEXR_2	-0.14140	0.097539	-1.4497
DEXR_3	0.094515	0.090896	1.0398

方程式標準誤差	8.92484
DW 比	1.996
DW-EXR	0.01801
ADF-EXR	-2.043
臨界値	5％：-2.885, 1％：-3.485
残差平方和	9319.373831（5 変数，観測値の数 122）

表 5.9 EXR の単位根検定（定数モデル，期間：1970(3)〜1999(4)）
〈ADF 検定〉（標本数 122，臨界値；5% = −2.89，1% = −3.48）

D_lag	t 値 (ADF 統計量)	y_{t-1} の係数	方程式 標準誤差	t-DY_lag	t 値をとる確率	AIC	F 値をとる確率
3	−2.043	0.97792	8.925	1.040	0.3006	4.418	
2	−2.032	0.97803	8.928	−1.138	0.2573	4.411	0.3006
1	−2.052	0.97779	8.939	4.367	0.0000	4.405	0.3082
0	−2.164	0.97493	9.588	4.537	0.0002		

な変数は単位根をもつようにみえることが知られている．

そこで，(3.20)式，あるいはより一般的には

$$\Delta y_t = \alpha + (\beta - 1)y_{t-1} + \sum_{i=1}^{s} \gamma \Delta y_{t-1} + \varepsilon_t \tag{5.40}$$

から ADF 統計値が得られていることから，表 5.9 のような結果が PcGive を用いると算出される．

ADF(0) は DF 検定そのものである．ADF(3)，ADF(2)，ADF(1)，ADF(0) が表 5.9 に算出されている．いちばん左の列はラグの階差を示す．したがって最初の行は ADF(3) に対応する．表の t 値は ADF-t 値を示し，y_{t-1} の係数は (5.40) 式の y_{t-1} の係数に対応する．表 5.9 はさらに，t-DY_lag と t 値をとる確率を示している．前者は γ_s ($s=3,2,1$) の最も高いラグ数の t 値である．後者はそのラグに対応する p 値を示す．最後の F 値をとる確率は，ラグがその次数まで落とされたときの F 値の確率である．AIC は赤池の情報量規準である．

この表の見方は次のように行う．

- γ_s ($s=3,2,1$) の中で有意なもののうち，ラグの次数が最も高いものを選択する（$\hat{\gamma}_s$ は t 分布に従う）．
- t-DY_lag は表からラグ 1 次であることがわかる．
- したがって，ADF(1) 検定を用いる．
- この ADF(1) 検定値は −2.052 である．
- 以上から，適切な ADF(1) 検定値は絶対値で 5% の臨界値 −2.89 よりも小さいことがわかる．したがって，単位根が含まれているという帰無仮説は棄却することができない．

5.8 3つのモデルによる単位根検定の具体例

表5.10 EXRの単位根検定(定数+トレンドモデル)

〈ADF検定〉(標本数122,臨界値;5% = −3.45, 1% = −4.04)

D_lag	t値 (ADF統計量)	y_{t-1}の係数	方程式 標準誤差	t-DY_lag	t値をとる確率	AIC	F値をとる確率
3	−2.971	0.90845	8.749	1.626	0.1066	4.386	
2	−2.642	0.92036	8.810	−0.549	0.5838	4.392	0.1066
1	−2.896	0.91601	8.784	4.840	0.0000	4.378	0.2329
0	−1.872	0.94183	9.576				

5.8.2 定数+トレンドモデル

次に,モデル(5.38)について考える.

定数モデルでは,EXRは単位根を有していそうであるという結論であった.いま,モデルにトレンドを加えた場合はどうであろうか.

表5.10は次のようである.5%の臨界値は−3.45である.これに対し,t-DY_lagはラグ1次の値が最も高い値である.したがって,適切なADFテストはADF(1) = −2.896である.絶対値でみて,臨界値よりも小さいので帰無仮説は棄却できない.定数+トレンドモデルにおいても,単位根があると判断されることになる.

5.8.3 定数,トレンドを含まないモデル

最後に,(5.39)式のモデルについて考える.

PcGiveによるこのモデルの総括表を表5.11に示す.t-DY_lagが有意である次数は0次である.このときのADF検定値は−2.863**であり,臨界値は5%で−1.94,1%で−2.58であるから,絶対値でみてADF(0)の検定値は臨界値よりも大きい.したがって,このモデルでは,EXRは単位根は含まないという結論が得

表5.11 EXRの単位根検定(定数,トレンドを含まないモデル)

〈ADF検定〉(標本数122,臨界値;5% = −1.94, 1% = −2.58)

D-lag	t値 (ADF統計量)	y_{t-1}の係数	方程式 標準誤差	t-DY_lag	t値をとる確率	AIC	F値をとる確率
3	−2.101*	0.99141	8.956	0.947	0.3452	4.417	
2	−2.256*	0.99087	8.952	−1.225	0.2229	4.408	0.3452
1	−2.122*	0.99146	8.971	4.330	0.0000	4.404	0.3051
0	−2.863**	0.98792	9.606	4.533	0.0002		

*:5%水準で有意, **:1%水準で有意.

表 5.12 単位根検定の3つのモデル

モデル	$\beta = 1$	$\beta < 1$
① $\Delta y_t = \alpha + (\beta - 1)y_{t-1} + \varepsilon_t$	ゼロ成長	平均ゼロ
② $\Delta y_t = \alpha + (\beta - 1)y_{t-1} + \mu_t t + \varepsilon_t$	y_t にトレンドがある	非ゼロの平均
③ $\Delta y_t = (\beta - 1)y_{t-1} + \varepsilon_t$	y_t に二次方程式のトレンドがある	y_t にトレンドがある

られる.つまり,定常な変数ということになる.これは先の2つのモデルとは異なる結果である.このように,モデルに定数あるいはトレンドを含めるか否かで単位根の検定結果が異なることがわかる.

以上をまとめると表5.12のようになる.

・二次方程式で表現されるトレンドを含む変数はあまりない.
・変数が線形のトレンドの周辺で定常である可能性を考えて,t をモデルに含めて検定を行うことが望ましい.
・変数がゼロの平均をもつということが先見的に明らかである場合を除いて,定数を含むモデルにしたほうがよい.
・$I(2)$ である変数が存在する可能性がある.この場合,階差を2回とって,定常な変数になるかどうかを確認することが必要である.次に,1次の階差をとって,定常な変数であるかどうかを確認する.

6

1変量時系列モデリング

　これまでの章では，時系列モデルの代表として自己回帰（AR）モデルを説明した．時系列モデルにはもう1つ重要な移動平均（MA）モデルがある．さらに，ARモデルとこのMAモデルを拡張したものにARMAモデルがある．MAモデルは経済学で用いられる回帰モデルとは直接対応関係がないが，時系列モデルの特徴があると考えられる．

　6.1節ではMAモデルについて説明し，6.2節ではMAモデルとARモデルの関係，6.3節では特性方程式の根，6.4節ではWoldの分解定理を解説する．6.5節では偏自己相関について，6.6節では反転可能性条件を説明し，6.7節ではARMA過程について述べる．6.8節では自己相関，偏自己相関のグラフについて詳説し，6.9節ではEViewsによるARMAモデルを日経平均株価指数のデータを用いて推計する．36個のARMAモデルを推計した後，適切なARMAモデルの選択方法を紹介する．さらに，6.10節ではBox-Jenkins法について解説する．

6.1 移動平均（MA）モデル

　移動平均モデル（moving average model，MAモデル）は，算術平均や加重平均を意味するものではなく，時系列の文献では移動加重和という意味で用いられる用語である．このMAモデルは，数学的に表現すると「ホワイトノイズ過程の一次結合」である．変数 y_t は現在のホワイトノイズである攪乱項 μ_t と過去の

ホワイトノイズ（$\mu_{t-1}, \mu_{t-2}, \cdots$）の攪乱項に依存する.

μ_t $(t=1,2,3,\cdots)$ は

- 互いに独立に同一の分布に従う仮定（iid）のランダム変数
- $E(\mu_t) = 0$, $Var(\mu_t) = \sigma^2$

であるとする. q 次の MA モデルはこのとき次のように表現される.

$$y_t = \mu + \mu_t + \phi_1 \mu_{t-1} + \phi_2 \mu_{t-2} + \cdots + \phi_q \mu_{t-q} \tag{6.1}$$

あるいは

$$y_t = \mu + \mu_t + \sum_{i=1}^{q} \phi_i \mu_{t-i} \tag{6.2}$$

つまり，$\mu, \phi_1, \cdots, \phi_q$ はパラメータ（定数）で，攪乱項の $1, \phi_1, \phi_2, \cdots, \phi_q$ をウエイトとする加重和である. y_t は攪乱項の加重和であるから確率変数である. ウエイトの $\phi_1, \phi_2, \cdots, \phi_q$ は時刻 t に依存しない. したがって，異なる時点での y_t と y_{t-1} は一定の関係にある.

簡単に説明するために，定数 μ を式から落とす. この簡単化によって，移動平均の性質が変わることはなく，代数的な表現が容易になる. たとえば，z_t の系列の平均が $\bar{z}$ であるとすると，$z_i - \bar{z}$ を考えることで，平均ゼロの系列をつくることができる.

この簡単化により，q 次の MA 過程の性質は次のように表現できる.

$$E(y_t) = \mu \tag{6.3}$$

$$Var(y_t) = (1 + \phi_1^2 + \phi_2^2 + \cdots + \phi_1^2)\sigma^2 = \gamma_0 \tag{6.4}$$

$$Cov(y_t, y_{t-1}) = \begin{cases} (\phi_s + \phi_{s+1}\phi_1 + \phi_{s+2}\phi_2 + \cdots + \phi_q \phi_{q-s})\sigma^2 = \gamma_s \\ 0, \quad s > q \end{cases} \tag{6.5}$$

つまり，MA 過程は次のような性質をもつ.

- 平均：一定
- 分散：一定
- 自己共分散：ラグ q までは非ゼロ，その後はゼロ

MA モデルでは，モデルの次数 q より高次の自己共分散および自己相関は常にゼロとなる. この性質から，MA モデルの次数を決定することができる.

各 y_t の平均および分散が共通の有限な (6.3), (6.4) 式で与えられ，y_t と y_{t-1} の自己共分散が有限であることは，数学的に表現した確率過程の定常性の条件，す

なわち，次の条件を満たす．

$$E(y_t) = \mu < \infty, \quad Var(y_t) = \gamma_0, \quad Cov(y_t, y_{t-1}) = \gamma(s)$$

ここで重要なことは，確率変数の上記の特性値がいずれも時刻に依存していないという点である．平均と分散はすべての y_t について共通である．そして自己共分散は2時点の差 s のみに依存しているという性質に注目しよう．このように，次数 q が有限な MA モデルは常に定常性をもつといえる．

MA モデルは AR モデルに比して，実用性に劣るといわれる．しかし，確率過程の構造を記述する時系列モデルの中で，理論的な意味での基本型にあたると考えられている（山本，1995 を参照）．

マクロ金融政策の運営と新しい時系列分析

ここ数年の欧米の計量経済学の教科書をみると，「新しい計量経済学」「モダン計量経済学」「時系列計量経済学」といったタイトルが目立つ．わが国では長くなじみのある Johnston や Theil の本が影をひそめている．また，ある本は「共和分分析（cointegration）の計量経済学」といった題名を採用している．「ダイナミックエコノメトリクス」という表現もこうした文脈の中で理解されねばならない．あえて，このような点に触れたのは，とかくわが国では統計学者を中心にした自然科学，工学的な側面からの時系列分析が主流になっていて，社会科学系では，金融工学的側面に限定した技術的な時系列分析や，欧米のビジネススクールで用いられているBox-Jenkins の予測法の解説あるいは翻訳本が散見される程度で，経済学との観点から解説したものが限定的であるように感じられるからである．

他方，欧米の大学院レベルで用いられている上級マクロ経済学の教科書で，たとえば Romer（2001）の *Advanced Macroeconomics* を理解するには，時系列分析の知識は不可欠のものである．これは，経済学を専攻した人間を取り巻く文化の違いなのか，情報化時代のわが国のある遅れた側面を示すものであるかはここでは深入りできない．近年の欧米の文献では，マクロ経済理論の発展との相互作用の観点から，時系列分析を説明したものが目につく．そして，ダイナミックエコノミクスは実践に役立つ経済分析の道具として，政府機関，金融機関，研究機関，企業，そして大学に定着しているかのようにみえる．特に英国では金融政策の中核にインフレターゲットを導入してから，時系列分析の技術を用いた予測の重要性が増している．このほかにも，欧州中央銀行，スウェーデン，ニュージーランド，オーストラリア，カナダの中央銀行がインフレターゲットを導入しており，特に近年の金融政策理論の展開をみると，こうした時系列分析の成果を積極的に取り入れた，より科学的な

ものになりつつあるという印象をもつ．ただし断っておかねばならないことは，インフレターゲット論を正当化するのが時系列分析であるというのではなく，インフレターゲット論の是非を議論するうえで時系列分析が必要になるという点である．ともかくも，誰でも入手できる PC 時代にあって，データをウェブサイトからダウンロードできるようになったということだけは間違いない．そしてわずか一握りの計量経済学者の巨匠とコンピュータプログラムの天才たちが，最高水準の統計学と計量経済学の理論，経済学を組み合わせて，実践に用いるための専門ソフトを開発し，各国の中央銀行，金融機関，企業，大学などの知的世界を席巻している．PcGive, PcGets, STAMP, G@RCH を含む OxMetrics や EViews, TSP, RATS などはその代表に数えられるものである．日本製の専門ソフトがこのリストに登場してこないのはなぜであろうか．参考までに，この中で操作が最も容易なソフトは OxMetrics である．

6.2 AR(p) モデルの定常性の条件と MA(∞) モデル

一般的な AR(p) モデルは次のように表現される．

$$y_t = \mu + \phi_1 y_{t-1} + \phi_2 y_{t-2} + \cdots + \phi_p y_{t-p} + \mu_t \tag{6.6}$$

あるいは

$$y_t = \mu + \sum_{i=1}^{p} \phi_i y_{t-i} + \mu_t \tag{6.7}$$

AR(p) モデルによって発生する確率過程は常に定常性をもっているとは限らない．この確率過程が定常性をもつための条件について説明する．

- 一般的な AR(p) モデルの定常性の条件は，(6.6) 式のような p 次の自己回帰モデルに対して，p 次の自己回帰方程式である特性方程式 $1 - \phi_1 z - \phi_2 z^2 - \cdots - \phi_p z^p = 0$ の根のすべてが絶対値で 1 より大きくなければならない．

定常性をもつときには，確率過程の平均，分散，自己共分散の推定が可能になり，AR モデルのパラメータの推定が可能になる．

- 定常性をもつときは，AR モデルは MA(∞) モデルとして書き改めることができる．

このように，特性方程式の根は y_t の過程の特性を決定する．換言すれば，AR モデルの自己相関関数（ACF）は特性方程式の根に依存することになる．特性方

程式については 6.3 節で説明する.

6.3 特性方程式の根

ランダムウォークで非定常過程にあるモデル
$$y_t = y_{t-1} + \mu_t \tag{6.7}$$
は次のように書ける.
$$y_t = Ly_t + \mu_t \tag{6.8}$$
$$y_t(1 - Ly_t) = \mu_t \tag{6.9}$$
したがって,特性方程式は $1-z=0$ である.

- この根は $z=1$ である.これは単位円上にある.一般的 AR(p) モデルの定常性の条件は,特性方程式 $1-\phi_1 z - \phi_2 z^2 - \cdots - \phi_p z^p = 0$ の根が単位円の外側に位置することである.つまり,特性方程式の根の絶対値が 1 より大きいことが定常性の条件である.

特性方程式のプロセス

特性方程式の例として,次のようなプロセスを考えてみよう.
$$y_t = 3y_{t-1} - 0.25y_{t-2} + 0.75y_{t-3} + \mu_t$$
$$y_t = 3Ly_t - 0.25y_{t-2} + 0.75y_{t-3} + \mu_t$$
$$(1 - 3L + 0.25L^2 - 0.75L^3)y_t = \mu_t$$
したがって,特性方程式は
$$1 - 3L + 0.25L^2 - 0.75L^3 = 0$$
これは
$$(1-z)(1-1.5z)(1-0.5z) = 0$$
特性根は $z=1$, $z=2/3$, $z=2$ である.このうち,単位円の外側にあるのは 1 つだけであるから,y_t は非定常である.

6.4 Wold の分解定理

次に,Wold の分解定理 (decomposition theorem) と呼ばれるものを説明する.任意の定常な確率過程 $\{y_t\}$ は,互いに無相関な 2 つの過程の和として表すこ

とができる.1つは線形の決定的確率過程 y_{1t} であり,もう1つは $MA(\infty)$ モデルの非決定的確率過程 y_{2t} である.すなわち,$y_t = y_{1t} + y_{2t}$ である.AR(p) モデルにおいて,定数もその他の項も含まないモデルは $MA(\infty)$ モデルとして表現することができる.

これは重要な結果であり,このことから AR 過程の自己相関関数を導出することができる.すなわち,AR(p) モデルでは Wold 分解定理により,

$$y_t = \psi(L)\mu_t \tag{6.10}$$

ただし,

$$\psi(L) = \psi(L)^{-1} = (1 - \phi_1 L - \phi_2 L^2 - \cdots - \phi_p L^p)^{-1} \tag{6.11}$$

AR 過程の平均 μ は,

$$E(y_t) = \frac{\mu}{1 - \phi_1 - \phi_2 \cdots - \phi_p} \tag{6.12}$$

となる.

自己共分散,自己相関係数は Yule–Walker 方程式と呼ばれる同時方程式を解くことによって得られる.この方程式は自己相関係数 ϕ_s の関数として,コレログラムを表現する.すなわち,

$$y_t - \mu = \phi_1(y_{t-1} - \mu) + \phi_2(y_{t-2} - \mu) + \cdots + \phi_p(y_{t-p} - \mu) + \mu_t \tag{6.13}$$

なる平均値周りの AR(p) モデルを考える.この式の両辺に $(y_t - \mu)$ をかけ,その期待値をとることによって分散 γ を得ることができる.すなわち,

$$\gamma(0) = \phi_1 \gamma(1) + \phi_2 \gamma(2) + \cdots + \phi_p \gamma(p) + \sigma^2 \tag{6.14}$$

ここで,σ^2 は攪乱項 μ_t の分散を示す.両辺を分散 $\gamma(0)$ で割ると

$$1 = \phi_1 \rho(1) + \phi_2 \rho(2) + \cdots + \phi_p \rho(p) + \frac{\sigma^2}{\gamma(0)} \tag{6.15}$$

これより,分散 $\gamma(0)$ は次のように与えられる.

$$\gamma(0) = \frac{\sigma^2}{1 - \phi_1 \rho(1) - \phi_2 \rho(2) - \cdots - \phi_p \rho(p)} \tag{6.16}$$

一方,自己共分散は (6.13) 式を用いて,$(y_{t-1} - \mu)$ を両辺にかけて期待値をとり,さらに $(y_{t-2} - \mu)$ を両辺にかけて期待値をとる,といった具合に順次求める.こうして以下のような方程式体系を得る.

$$\gamma(1) = \phi_1 \gamma(0) + \phi_2 \gamma(2) + \cdots + \phi_p \gamma(p-1)$$
$$\gamma(2) = \phi_1 \gamma(1) + \phi_2 \gamma(0) + \cdots + \phi_p \gamma(p-2)$$

$$\gamma(p) = \phi_1 \gamma(p-1) + \phi_2 \gamma(p-2) + \cdots + \phi_p \gamma(0) \tag{6.17}$$

上でみたように，同じ時系列の異なる時点間での共分散を p 次の自己共分散と呼ぶ．時系列の性質は自己共分散に集約されると考えられる．定常な時系列では，時点 t が十分に大きくなると，自己共分散は時点 t に依存せず，時点間の差異 p のみに依存するようになる．この時間差 p を変化させて，すべての p について共分散を計算したものが自己共分散関数 $\gamma(p)$，$p = 0, 1, 2, 3, \cdots$ である．上の体系を分散 $\gamma(0)$ で除して自己相関を表現したものを，Yule-Walker 方程式と呼ぶ．これは，AR モデルの係数パラメータと確率過程の自己相関または自己共分散を結びつける関係を示したものである．

$$\rho(1) = \phi_1 + \phi_2 \rho(1) + \cdots + \phi_p \rho(p-1)$$
$$\rho(2) = \phi_1 \rho(1) + \phi_2 + \cdots + \phi_p \rho(p-2)$$
$$\vdots$$
$$\rho(p) = \phi_1 \rho(p-1) + \phi_2 \rho(p-2) + \cdots + \phi_p \tag{6.18}$$

6.5 偏自己相関

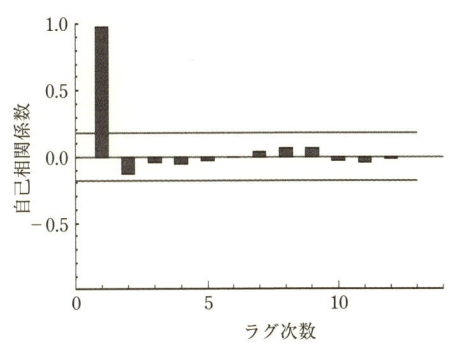

時系列モデルの特徴は，自己相関 $\rho(s)$ のパターンに現れる．自己相関のほかに偏自己相関関数（partial autocorrelation function, PACF）という概念があるが，これは現在の観測値と k 期前の観測値の間の相関を表現するもので，その間にあるすべての期間からの影響をコントロールしたものである．たとえば，y_t と y_{t-3}

図 6.1 円・ドル為替レートの偏自己相関係数

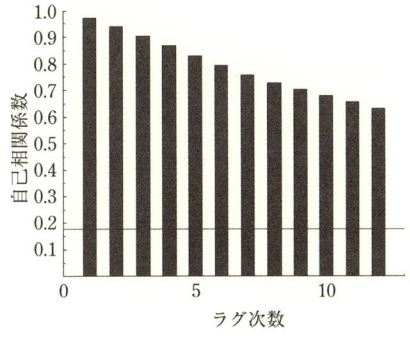

図 6.2 円・ドル為替レートの自己相関係数

の相関係数で，y_{t-1} と y_{t-2} の影響をコントロールしたものを3次の偏相関係数 (pacf for lag 3) と示す．

AR(p) モデルの偏自己相関は ($p+1$) 次で切断され，($p+1$) 次以上の偏自己相関は常にゼロとなる．図6.1は円・ドル為替レートの偏自己相関係数を示す（円・ドル為替レートの推移については図5.1を参照）．ラグが1次のときは相関係数が大きいが，2次以降では相関係数が突然小さくなり，1次の偏自己相関係数で切断されているのがわかる．このことから円・ドルレートのARモデルは $p=1$ 次であることがわかる．自己相関 $\rho(s)$ は与えられた確率過程において，s 期離れた y_t と y_{t-s} の関係の強さを直接示すものである．

他方，図6.2は円・ドル為替レートの自己相関を示したものであるが，図6.1と異なり，ラグ次数が高次になっても自己相関係数はゆるやかに連続して減衰している．

いま，AR(1) モデル $y_t = \phi_1 y_{t-1} + \mu_t$ を考えてみよう．これは y_t と y_{t-1} との関係を表現しているものであるが，1期前のモデルを考えると，$y_{t-1} = \phi_1 y_{t-2} + \mu_{t-1}$ であるから，y_{t-2} は y_{t-1} を通じて y_t と関わっていることがわかる．偏自己相関の考え方は，y_{t-1} の影響を除去した後で，y_t と y_{t-2} の関係を調べるというものである．

6.6　反転可能性の条件

定常性の条件を満足するARモデルは MA(∞) モデルとして表現できるが，MA(∞) モデルもある条件のもとで，AR(∞) モデルとして表現することができる．この条件を反転可能性の条件（invertibility condition）と呼ぶ．

MA(q) モデルは，特性方程式 $\theta(z) = 0$ の根が絶対値で1以上であることを要請するが，この反転可能性条件は数学的には定常性の条件と同じである．異なる点は，反転可能性条件はMA過程についてのみ用いられ，AR過程については用いられないことである．この反転可能性条件が満足されると，AR(∞) モデルが爆発的な過程になることはない．

いま，MA(2) の過程を考えてみよう．すなわち

$$y_t = \mu_t + \phi_1 \mu_{t-1} + \phi_2 \mu_{t-2} = \phi(L)\mu_t \tag{6.19}$$

この過程が反転可能性条件を満たすものとしよう．この場合に，MA(2) 過程は AR(∞) として表現することができる．すなわち

$$y_t = c_1\mu_{t-1} + c_2\mu_{t-2}y_{t-2} + c_3y_{t-3} + \cdots + \mu_t \tag{6.20}$$

ここで，c は係数である．MA 過程をこのようなかたちで表現すると，y_t と y_t の過去の値のすべての間に直接的な関係があることがわかる．したがって，MA(q) の偏自己相関関数は幾何級数的に減衰する．自己相関関数の場合のように q 次のラグの後，ゼロにならない．

したがって次のようなまとめができる．

- AR の自己相関関数の形状は MA の偏自己相関関数と基本的に同じである．
- MA の自己相関関数の形状は AR の偏自己相関関数と基本的に同じである．
- AR(p) の場合は，偏自己相関はラグ p 次まではゼロではないが，ラグ $p+1$ 次以降はゼロになる．しかし，自己相関はずっとゼロではなく，時間がたつにつれて小さくなる．
- それに対して，MA(q) の場合は，自己相関はラグ q 次まではゼロでないが，ラグ $q+1$ 次以降はゼロになる．しかし，偏自己相関はずっとゼロでないが，時間がたつにつれて小さくなる．

観察されるサンプル $(y_1, \cdots, y_n)$ について自己の標本共分散を標本分散で基準化したものが，標本自己相関あるいは標本コレログラムである．

- 標本自己相関が有意であり，かつ標本偏自己相関が有意でないときは AR モデルを選択する．
- 逆に，標本自己相関が有意でなく，かつ標本偏自己相関が有意であるときは MA モデルを選択する．

6.7 ARMA 過程

AR(p) 過程と MA(q) 過程を結合したのが，ARMA(p, q) 過程である．ARMA 過程は次のように表現される．

$$y_t = \mu_t + \phi_1 y_{t-1} + \cdots + \phi_p y_{t-p} + \phi_1 \mu_{t-1} + \phi_2 \mu_{t-2} + \cdots + \phi_q \mu_{t-q} + \mu_t \tag{6.21}$$

すなわち y_t は，y_t の過去の値と，ホワイトノイズの誤差項の現在値と過去の値に依存する過程である．これは ARMA モデルとも呼ばれる．ここで，

$$E(\mu_t) = 0, \quad E(\mu_t^2) = \sigma^2, \quad E(\mu_t \mu_s) = 0, \quad t \neq s \tag{6.22}$$

- 多くの標本自己相関と多くの標本偏自己相関がともに有意であるときは，ARMA モデルを選択する．

しかし実際には，AR，MA，ARMA 過程の識別は困難であることが多い点に留意しておく必要がある．ARMA 過程の特徴は次のようである．
- AR 過程と MA 過程を結合した特徴をもつ．
- 特に偏自己相関をみると，純粋な AR 過程と純粋な MA 過程を峻別することができる．
- ARMA 過程の自己相関は，幾何級数的に減衰する．これは純粋な AR 過程と同じ性質である．しかし，AR 過程の偏自己相関はラグ p 次以降はゼロになるから，偏自己相関は AR(p) 過程と ARMA(p, q) 過程を峻別するうえで有益である．
- 他方，ARMA(p, q) 過程は自己相関ならびに偏自己相関がともに幾何級数的に減衰する．
- ARMA 過程の平均は次の式で表すことができる．

$$E(y_t) = \frac{\mu}{1 - \phi_1 - \phi_2 - \cdots - \phi_p} \tag{6.23}$$

ARMA 過程の自己相関関数は，AR 部分と MA 部分から得られる動きの組合わせになる．しかし，ラグ q 以降の自己相関は AR(p) 過程と同じになる．つまり，期間を長くとると，AR 部分が支配的になる．

6.8 自己相関，偏自己相関のグラフ

以下では正規分布をする AR，MA モデルの攪乱項 120 個から自己相関係数，偏自己相関係数を PcGive で計算したものをグラフに示す．

$$\text{MA(1)モデル} : y_t = 0.5\mu_{t-1} + \mu_t \tag{6.24}$$

図 6.3(a) は (6.24) 式のグラフである．自己相関係数 (b) はラグ 1 だけが有意である．他方，偏自己相関係数 (c) は幾何級数的に減衰していて，ラグ 8 まで有意である．

$$\text{MA(2)モデル} : y_t = 0.5\mu_{t-1} - 0.25\mu_{t-2} + \mu_t \tag{6.25}$$

図 6.4(a) は (6.25) 式のグラフである．予測されるとおり，自己相関係数 (b) はラグ 2 次までが有意である．他方，偏自己相関係数 (c) は幾何級数的に減衰している．

$$\text{AR(1)モデル} : y_t = 0.9y_{t-1} + \mu_t \tag{6.26}$$

図 6.5(a) は (6.26)式で表現される緩慢に減衰する AR(1) のグラフである．自己相関係数 (b) は，ラグ 1 次のみが有意である．偏自己相関係数 (c) は，ラグ 1 次以降はゼロになるはずであるが，図では完全なゼロにはなっていない．

$$AR(1)モデル：y_t = 0.5y_{t-1} + \mu_t \tag{6.27}$$

図 6.6(a) は (6.27)式で表現される早く減衰する AR(1)モデルのグラフである．自己相関係数 (b) は，時間がたつにつれて小さくなるが，ラグ 1 次以降もゼロではない．偏自己相関係数 (c) はラグ 1 次のみ有意である．

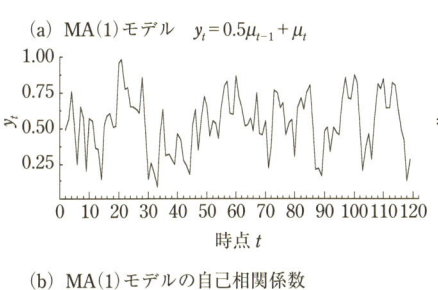

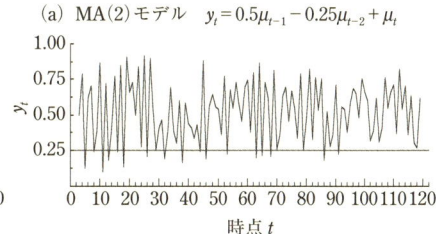

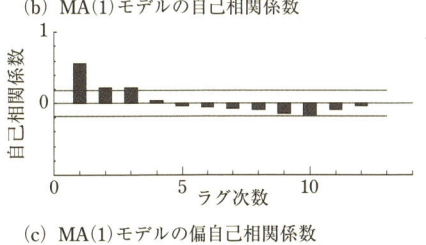

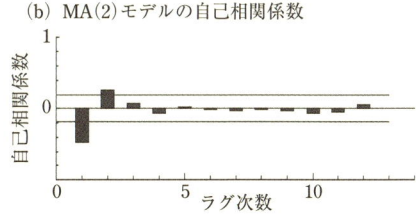

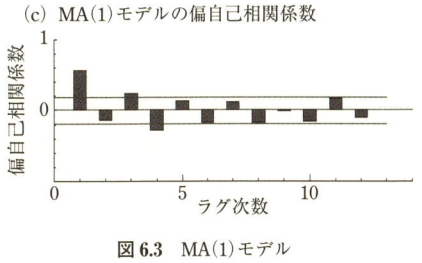

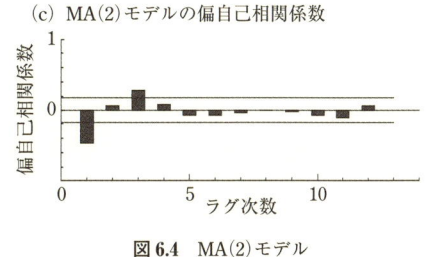

図 6.3 MA(1)モデル

図 6.4 MA(2)モデル

82   6. 1変量時系列モデリング

(a) 緩慢に減衰するAR(1)モデル　$y_t = 0.9y_{t-1} + \mu_t$

(a) 早く減衰するAR(1)モデル　$y_t = 0.5y_{t-1} + \mu_t$

(b) 自己相関係数

(b) 自己相関係数

(c) 偏自己相関係数

(c) 偏自己相関係数

図 6.5　緩慢に減衰する AR(1) モデル

図 6.6　早く減衰する AR(1) モデル

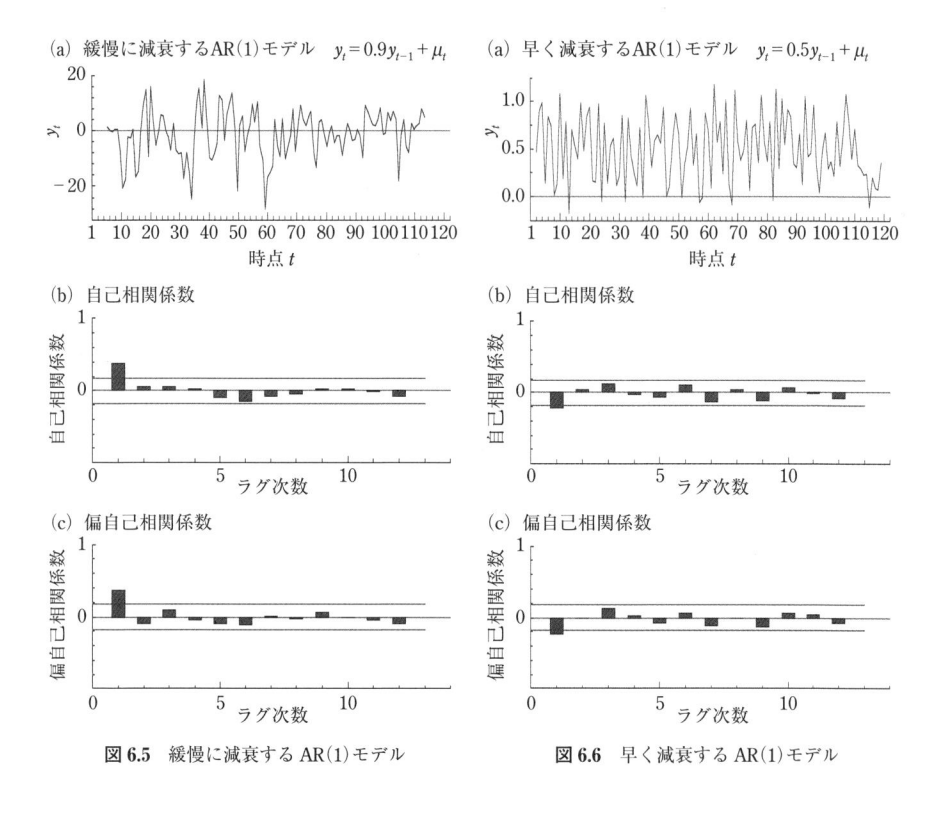

6.9　EViews による日経平均株価指数の ARMA モデル

EViews を用いて ARMA モデルの推計をしてみよう．時系列データは日経平均株価指数である（TOSDOW）．期間は 1970 年第 1 四半期〜2001 年第 3 四半期の四半期データを用いる．

6.9.1　EViews によるコレログラムの出力

PcGive の出力と EViews の出力は異なる．表 6.1 は EViews の出力を示す．ラグ次数の増大とともに自己相関係数が減衰するときは，AR 過程にあることを示す．表 6.1 では自己相関係数はゆっくりと減衰している．しかし，自己相関係数のラグ 1 次のみが有意である．偏自己相関係数（PAC）をみると，ラグ 1 次のみ

が有意でその他のラグでは有意でない．純粋な AR(p) 過程にある系列の偏自己相関係数は，ラグ p 次で突然ゼロになる．表 6.1 の PAC は，ラグ 1 次で 0.98 であるが，ラグ 2 次では −0.24 に急落している．ラグ 25 次までの自己相関係数，偏自己相関係数が表の AC，PAC に与えられている．Q 統計量は Ljung-Box の検定統計値である．これはラグ 1 については $\chi^2(1)$，ラグ 2 については $\chi^2(2)$ などに従う．この検定値に対応する p 値がいちばん右の列で与えられている．原データは非定常であろうから，この検定統計値を用いることはできない．

表 6.1 EViews による日経平均株価指数のコレログラム（期間：1970(1)〜2001(3)，観測数：127）

自己相関	偏自己相関	ラグ次数	ACF	PAC	Q統計量	p値
.|********	.|********	1	0.9815	0.9815	125.266	0
.|******* |	**|. |	2	0.9545	−0.2418	−244.692	0
.|******* |	.|. |	3	0.9257	−0.0119	−357.922	0
.|******* |	*|. |	4	0.8935	−0.1027	−464.262	0
.|******* |	.|. |	5	0.8626	0.0638	564.187	0
.|****** |	.|. |	6	0.8322	−0.0253	657.978	0
.|****** |	.|. |	7	0.8016	−0.0211	745.711	0
.|****** |	*|. |	8	0.7688	−0.0866	827.099	0
.|****** |	.|. |	9	0.7343	−0.0380	901.976	0
.|***** |	.|. |	10	0.6999	0.0004	970.573	0
.|***** |	.|. |	11	0.6665	0.0199	1033.32	0
.|***** |	*|. |	12	0.6323	−0.0661	1090.28	0
.|***** |	.|. |	13	0.5983	−0.0024	1141.74	0
.|**** |	.|. |	14	0.5651	−0.0119	1188.05	0
.|**** |	.|. |	15	0.5338	0.0420	1229.74	0
.|**** |	.|. |	16	0.5031	−0.0307	1267.10	0
.|**** |	.|. |	17	0.4749	0.0519	1300.70	0
.|*** |	.|. |	18	0.4492	0.0040	1331.04	0
.|*** |	*|. |	19	0.4220	−0.0779	1358.05	0
.|*** |	.|. |	20	0.3947	−0.0049	1381.92	0
.|*** |	.|. |	21	0.3686	0.0072	1402.92	0
.|*** |	.|* |	22	0.3464	0.0964	1421.64	0
.|** |	.|. |	23	0.3268	−0.0033	1438.47	0
.|** |	.|. |	24	0.3084	−0.0139	1453.60	0
.|** |	*|. |	25	0.2894	−0.0741	1467.06	0

* が \| \| の標準誤差の領域内にあるときは，5%水準で有意であることを示す．

Q 検定は日本語では「ふろしき検定」と呼ばれる．これは，推定された時系列過程の残差から計算された標本自己相関係数の 2 乗和が Q 統計量となる検定をいう．k 次までの自己相関係数 $\rho_1, \rho_2, \cdots, \rho_k$ の推定値 $r_1, r_2, \cdots, r_k$ とすると，Ljung-Box 検定統計値は

$$Q^*(k) = n(n+2)\sum_{j=1}^{k}\frac{1}{n-j}r_j^2 \qquad (6.28)$$

である．Q はすべての母自己相関をゼロとする帰無仮説のもとで漸進的に χ^2 分布に従う．自由度は k から AR，MA 過程の次数の和を引いて求める．AC がゼロより大きく乖離すると，検定統計量の値が大きくなる．そして，帰無仮説は棄却される可能性がある．これは異常値，不均一分散，あるいはなんらかの構造変化によって生じる．Q 検定では，帰無モデルからなんらかの乖離を含むモデルが対立仮説となるが，その乖離の方向はなんでもよい（森棟，1999 を参照）．

このような理由と他のさまざまな理由から，時系列の原データを用いる代わりに，時系列変化の対数を用いるのが通常のやり方である．こうすることによって，原データの非定常性を取り除くことができる．

6.9.2 日経平均株価指数の連続複利変化率のコレログラム

日経平均株価指数の連続複利変化率（continuously compound changes）のコレログラムは表 6.2 のようになる．大雑把な指針として，所与の自己相関係数は EViews のプログラムでは，

$$\pm 1.96 \times \frac{1}{T^{1/2}}$$

の外側であれば，有意であると判断できる．ここで，T はラグ次数である．このケースでは，$T = 25$ であるから，係数が

$$1.96 \times \frac{1}{\sqrt{25}} = 0.39$$

より大であるか，あるいは -0.39 より小さい場合は有意と判定できる．

このことから，日経平均変化率の自己相関係数は 5% 有意水準でラグ 1 次，偏自己相関係数はラグ 1 次でほぼ有意である．最初の自己相関係数は有意であるが，Ljung-Box テストでは，自己相関がないという帰無仮説を 1% 水準でラグ 5 次まで棄却している．この EViews の出力から正確な次数を決定するのは困難である

表6.2 EViewsによる日経平均株価指数の連続複利変化率のコレログラム（期間：1970(1)～2001(3)，観測数：126）

自己相関	偏自己相関	ラグ次数	ACF	PAC	Q統計量	p値
.| ***	.| ***	1	0.333	0.333	14.301	0.000
.|*	.|.	2	0.077	−0.038	15.081	0.001
.|*	.|*	3	0.185	0.192	19.574	0.000
.|.	*|.	4	0.031	−0.106	19.698	0.001
.|.	.|.	5	0.012	0.046	19.717	0.001
.|.	.|.	6	0.008	−0.050	19.726	0.003
.|.	.|.	7	−0.022	0.006	19.789	0.006
.|.	.|.	8	0.006	0.008	19.794	0.011
.|.	.|.	9	−0.010	−0.013	19.807	0.019
.|.	.|.	10	−0.049	−0.041	20.142	0.028
.|*	.|*	11	0.074	0.118	20.908	0.034
.|*	.|*	12	0.173	0.130	25.153	0.014
.|*	.|.	13	0.069	−0.015	25.837	0.018
.|.	*|.	14	−0.034	−0.096	26.007	0.026
.|.	.|.	15	0.025	0.025	26.101	0.037
.|.	.|.	16	0.032	0.013	26.256	0.051
*|.	*|.	17	−0.059	−0.060	26.767	0.062
.|.	.|*	18	0.031	0.081	26.910	0.081
.|.	*|.	19	−0.011	−0.068	26.929	0.106
.|.	.|.	20	−0.023	0.033	27.011	0.135
*|.	*|.	21	−0.088	−0.135	28.214	0.134
*|.	.|.	22	−0.079	0.038	29.180	0.140
.|.	.|.	23	−0.013	−0.035	29.207	0.174
.|*	.|*	24	0.068	0.105	29.934	0.187
.|*	.|*	25	0.143	0.120	33.208	0.126

が，以上の結果から日経平均変化率，すなわち日経平均の株価収益率はARMAモデルに従っているといえる．

6.9.3 モデルの次数を決定するための情報量規準

実践上の問題として，自己相関係数からモデルの適切な次数を決定するのは容易ではない．そこで，情報量規準（information criteria）の値を最小にするような次数をモデルの適切な次数とするやり方がある．

代表的な情報量規準には，赤池の情報量規準（AIC），Schwarzベイジアン情報量規準（SBIC）などがある．

$$\text{AIC} = In(\sigma^2) + \frac{2k}{T} \tag{6.29}$$

$$\text{SBIC} = In(\sigma^2) + \frac{k}{T}(InT) \tag{6.30}$$

ここで，In は自然対数，σ^2 は回帰式の攪乱項 μ_t の分散の推定値，k はパラメータ数，T は標本数である．AIC あるいは SBIC の最小値をモデル次数に選択することになる．

6.9.4　日経平均変化率の ARMA モデル— 36 個のモデル推定結果—

仮に ARMA モデルの次数が，$(0,0)$ 〜 $(5,5)$ と考えられたとしよう．これは，36 のさまざまな ARMA モデル（ARMA$(0,0)$，ARMA$(1,0)$，ARMA$(2,0)$，…，ARMA$(5,5)$）を検討しなければならないことを意味する．

EViews では個々のモデルを別々に推計して，そのたびに情報量規準の値を検討しなければならない．表 6.3 は，ARMA$(1,1)$ の推定結果である．

表 6.3 より，AR 部分と MA 部分の特性方程式の根の逆数はそれぞれ -0.32 と -0.74 である．これらの情報は，モデルが定常（反転可能）であるかを判断するのに用いられる．ARMA モデルの AR 部分と MA 部分が定常で反転可能性の条件を満たすには，絶対値で特性根の逆数の値が 1 よりも小さくなければならない．したがって，このケースでは反転可能性条件が満たされることになる．

表 6.3　EViews による ARMA$(1,1)$ の推計結果
〈従属変数：RTOSDOW（日経平均変化率），最小二乗法，標本期間：1970(3)〜2001(3)〉

変数	係数	標準誤差	t 統計値	t 値をとる確率
定数	0.012329	0.008571	1.438430	0.1529
AR(1)	-0.316903	0.155146	-2.042617	0.0432
MA(1)	0.738151	0.109058	6.768446	0.0000
決定係数（R^2）	0.153853			
調整済決定係数	0.139982			
方程式標準誤差	0.072683	AIC		-2.381700
残差平方和	0.644511	SBIC		-2.313821
対数尤度	151.8563	F 統計値		11.09152
DW 比	1.880875	p 値（F 統計値）		0.000038
反転 AR 根	-0.32			
反転 MA 根	-0.74			

このようなステップを他のすべての ARMA モデルについて行う．以下で具体的に説明するように，36 のモデル推計にはかなりの作業を要する．参考までに ARMA(5, 5) の推定は表 6.4 のようになる．

このようにして，AIC ならびに SBIC が最小になる p と q を求めるには，まず表 6.5 のような表をつくらねばならない．表 6.5 より，2 つの情報量規準値を最小にするモデルの次数は，$p=3$，$q=1$ である．つまり ARMA(3, 1) が適切なモデルということになる．

ARMA モデルの価値は，比較的低い次数によってかなり複雑な確率過程を説明することができる点にあるとされている（山本，1995）．純粋な AR モデルや MA モデルによって複雑な過程を記述しようとすると，非常に高い次数のモデルが要請される．多重共線性の問題や自由度の問題から，推定すべきパラメータはその数が少ないほど望ましい．そのような実用的観点から，ARMA モデルは価値があるとされている．

表 6.4 EViews による ARMA(5, 5) モデルの推計結果
〈従属変数：RTOSDOW（日経平均変化率），最小二乗法，標本期間：1971(3)〜2001(3)〉

変数	係数	標準誤差	t 統計値	t 値をとる確率
定数	−0.155082	1.308394	−0.118529	0.9059
AR(1)	−0.127286	0.139483	−0.912552	0.3635
AR(2)	0.139320	0.067895	2.051997	0.0425
AR(3)	−0.110871	0.055608	−1.993804	0.0486
AR(4)	0.744942	0.052887	14.08559	0.0000
AR(5)	0.338291	0.118698	2.850011	0.0052
MA(1)	0.644366	0.086114	7.482689	0.0000
MA(2)	−0.194765	0.040948	−4.756406	0.0000
MA(3)	0.244478	0.030048	8.136375	0.0000
MA(4)	−0.745839	0.041403	−18.01429	0.0000
MA(5)	−0.838628	0.085147	−9.849195	0.0000
決定係数 (R^2)	0.346566			
調整済決定係数	0.287163			
方程式標準誤差	0.066448	AIC		−2.498271
残差平方和	0.485694	SBIC		−2.244108
対数尤度	162.1454	F 統計値		5.834141
DW 比	1.885418	p 値（F 統計値）		0.000001
反転 AR 根	1.00	0.11 − 0.93i	0.11 + 0.93i	−0.43	−0.91
反転 MA 根	0.98	0.12 + 0.98i	0.12 − 0.98i	−0.88	−0.98

表 6.5 日経平均変化率 ARMA モデル 36 個の推計結果

⟨AIC⟩

p \ q	0	1	2	3	4	5
0						
1		−2.38170	−2.36365	−2.38906	−2.33996	−2.33953
2		−2.35565	−2.21627	−2.25413	−2.21752	−2.21599
3		−2.40012	−2.24242	−2.24873	−2.24248	−2.24222
4		−2.34659	−2.20715	−2.24811	−2.33151	−2.19972
5		−2.34542	−2.21414	−2.24636	−2.20515	−2.25762

⟨SBIC⟩

p \ q	0	1	2	3	4	5
0						
1		−2.31382	−2.29577	−2.32118	−2.27208	−2.27165
2		−2.28742	−2.14804	−2.18590	−2.14929	−2.14776
3		−2.33153	−2.17383	−2.18014	−2.17389	−2.17363
4		−2.27764	−2.13820	−2.17916	−2.26256	−2.13077
5		−2.27610	−2.14482	−2.17704	−2.13583	−2.18831

6.10 Box-Jenkins の方法

ARMA モデルは Box-Jenkins の方法が編み出される前から存在していたが，Box and Jenkins (1976) によって体系的に ARMA モデルが推計できるようになった．この方法は実践的な推計法であって，①識別，②推定，③診断の 3 段階のステップをもって実施される．

［第 1 ステップ］　次数の決定

データの特徴をとらえるために，モデルの適切な次数を決定する．自己相関係数，偏自己相関係数をグラフにプロットして適切な次数を決定する．

［第 2 ステップ］　パラメータの推定

第 1 ステップで特定したモデルのパラメータを推定する．最小二乗法，最尤法などの方法でこれを行う．

［第 3 ステップ］　モデルの診断

特定されたモデルとその推定が適切であるか否かを診断する．Box-Jenkins 法では，まずモデルについて過剰フィット（overfitting）診断と残差（residual）診

断を行う．前者は，第1ステップで識別したデータのダイナミックスをとらえるのに必要なモデルよりも大きな次数モデルをフィットさせ，第1ステップで特定化されたモデルに追加するべきものは有意でないことを確認する．残差診断では残差項をみて，線形の依存関係が存在する場合は，データの特徴を正しくとらえていないと判断する．こうした判断を行うには，自己相関関数，偏自己相関関数，あるいはLjung-Box検定が用いられる．

あえていうならば，Box-Jenkins検定の診断テストは自己相関の検定だけであって，その他の検定をからませていない．モデルが適切であるか否かの判定は，過小パラメータ化（under-parameterization）のチェックであって，過大パラメータ化（over-parameterization）については何も語らない．通常は節約されたモデル（parsimonious model）の構築が目的とされる．変数のラグが不適切であったり誤差項のラグが不適切であると，標準誤差係数は大きくなる．推計された分散は，自由度の数に反比例する．高い決定係数 R^2 ではモデルのフィットがよさそうにみえるが，不正確な予測を生む場合がある．

情報量規準値をARMAモデルの選択に用いる理由は，自己相関関数，偏自己相関関数のグラフでは解釈が困難な場合があるからである．情報量規準は残差平方和の関数であり，パラメータを増やすことによって，失う自由度に対するペナルティを課す項が含まれている．SBICならびにAICのほかにHannan-Quinnの情報量規準（HQIC）がある．SBICはAICよりも厳しいペナルティが課せられ，HQICは両者の中間である．どの規準が優れているかは一般的に判別できない（(6.29), (6.30)式参照）．(6.31)式はHQICを求める式である．

$$\text{HQIC} = In(\hat{\sigma}^2) + \frac{2k}{T} In(In(T)) \tag{6.31}$$

6.11 ARIMAモデルと状態空間モデル（カルマン・フィルタ）

自己回帰和分移動平均（AR integrated MA, ARIMA(p, d, q)）モデルは，変数が d 回差分をとることによりARMA(p, q)モデルとなる．つまり，ARIMA(p, d, q)モデルは自己回帰過程の和分過程の単位円上に特性方程式の根があり，d 回の差分によって定常化されることになる．

状態空間モデルの研究はKalman（1960）によって始められ，その後，工学分

野で盛んに研究がなされたが，近年は統計学，計量経済学分野での貢献が顕著である．

状態空間モデルはすべての ARIMA モデルをはじめ，さまざまなモデルを特別例として含む一般性の高いモデルである．Box-Jenkins モデルとは異なり，1変量時系列の理論と方法論を多変量時系列に簡単に拡張できる．

状態空間モデルでは，観測値に欠測値があってもよいし，説明変数を簡単に組み込むことができる．また，回帰係数を時変にすることもできる．ファイナンスの分野での分析では，曜日調整（trading day adjustment）やカレンダー効果をたやすく考慮できる．状態空間モデルによる時系列分析はほとんどの大学で教えられていないのが現状であるが，近年 Koopman, Harvey, Doornik and Shephard による状態空間用専門ソフト STAMP（Structural Time Series Analyser, Modeller and Predictor）が専門ソフト OxMetrics[th] 4 の中に含まれ，容易に分析することが可能になった．

7

ポートフォリオモデル

　ここでは，Markowitz の平均・分散モデルとして知られるポートフォリオモデル（portfolio model）の基本を説明する．1952 年，*Journal of Finance* に発表された Markowitz の論文 "Portfolio Selection" は，現代ファイナンス理論に重要な基礎を与えた．ポートフォリオアプローチの考え方の主要な特徴は，個々の資産の特性よりも，個々の資産のポートフォリオの特性のほうが重要であるとするものである．この理論では，投資家は自分の投資からの収益（リターン）の平均と分散に関心があるという前提がある．資産のポートフォリオの平均と分散が，ポートフォリオを構成している資産の特性とどのような関係にあるかを，ポートフォリオ理論ではまず考えるわけである．

　7.1 節ではポートフォリオモデルの基本的な計算手順を説明し，7.2 節では 2 つの株から構成されるポートフォリオの期待収益率について説明する．7.3 節ではポートフォリオのリスク計算の仕方を解説する．7.4 節ではポートフォリオを構成する資産の比率を変えた場合に平均収益率の平均と標準偏差が変化することを説明する．7.5 節では機会曲線について解説し，7.6 節では分散投資の利益について述べる．7.7 節では最小分散ポートフォリオについて説明する．

7.1　ポートフォリオモデルの基本的な計算手順

　株式，債券，土地などの資産は，危険資産と考えられる．これらの危険資産 i

7. ポートフォリオモデル

表7.1 英国株式市場の銘柄の株価データ

日足	FTSE 社	Boots 社	BA 社	FTSE 株の収益率	Boots 株の収益率	BA 株の収益率
1	3537.8	549	464.5	# N/A	# N/A	# N/A
2	3519.6	558	461.5	−0.00516	0.016261	−0.00648
3	3497.9	560	460	−0.00618	0.003578	−0.00326
4	3510	555	458	0.003453	−0.00897	−0.00436
5	3529.1	560	455	0.005427	0.008969	−0.00657
6	3518.7	551	457.5	−0.00295	−0.0162	0.005479
7	3523	540	465	0.001221	−0.02017	0.016261
8	3500.4	536	474	−0.00644	−0.00743	0.01917
9	3514.8	550	466	0.004105	0.025784	−0.01702
10	3522.4	547	476	0.00216	−0.00547	0.021232
11	3537.1	550	479	0.004165	0.005469	0.006283
12	3541.6	557	481	0.001271	0.012647	0.004167
13	3523.4	564	477	−0.00515	0.012489	−0.00835
14	3536.8	561	466	0.003796	−0.00533	−0.02333
15	3547.9	564	462.5	0.003134	0.005333	−0.00754
16	3571.4	569	466	0.006602	0.008826	0.007539
17	3610.8	577	477	0.010972	0.013962	0.023331
18	3609.2	572	472	−0.00044	−0.0087	−0.01054
19	3628.8	574	471	0.005416	0.00349	−0.00212
20	3604.1	574	464	−0.00683	0	−0.01497

の収益率あるいはリターンを R_i とすると，その平均は $E(R_i)$，分散は $Var(R_i)$ と表される．いま，英国の株式市場に上場されている銘柄の株価データを考える（日次データ）．その一部を表7.1に示す．

各銘柄の日次収益率（リターン）を計算する．これは，t 日に購入した投資家が翌日売却したときに得られるリターンである（％）．株式 Boots の日次リターン R_{Boots} は

$$R_{\text{Boots}} = \frac{P_{\text{Boots}} - P_{\text{Boots-}t}}{P_{\text{Boots-}t}} \tag{7.1}$$

と定義できる．ここで，P は株価，$P_{\text{Boots-}t}$ は t 日前の株価である．これは株価だけのリターンであり，配当 (D_t) の支払いはここでは無視する．配当の支払いがある場合，全収益は

$$R_{\text{Boots}} = \frac{P_{\text{Boots}} - P_{\text{Boots-}t} + D_t}{P_{\text{Boots-}t}} \tag{7.2}$$

となる．ここで，D は配当である．

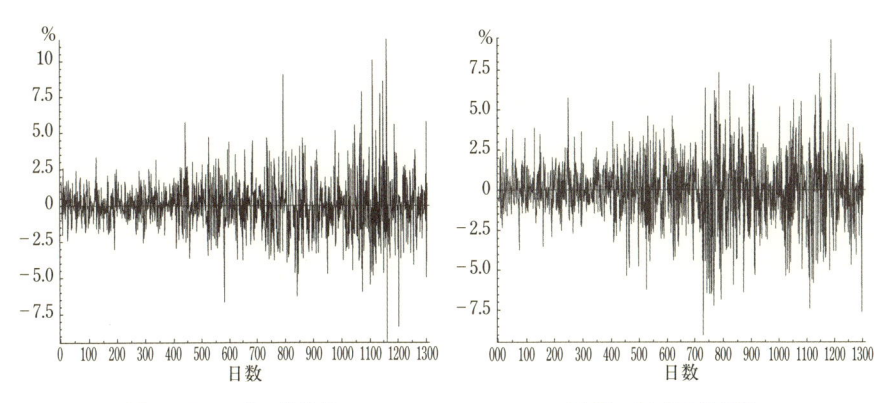

7.1 ポートフォリオモデルの基本的な計算手順

図 7.1 Boots 株の収益率

図 7.2 BA 株の収益率

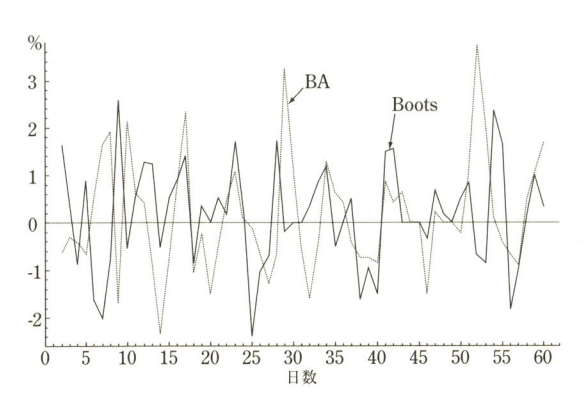

図 7.3 Boots 株, BA 株の収益率の推移

表 7.2 株価収益率の平均値, 標準偏差, 相関行列（標本サイズ：2〜1304）

〈平均値と標準偏差〉

	Boots 株収益率	BA 株収益率
平均値	$-9.8484e-006$	-0.00038847
標準偏差	0.017621	0.020621

〈相関行列〉

	Boots 株収益率	BA 株収益率
Boots 株収益率	1.0000	0.15286
BA 株収益率	0.15286	1.0000

　株価の 1300 日間のリターンの動きは図 7.1〜7.3 に示してある．図 7.3 をみると，BA 株の収益率は Boots 株のそれに比して動きが激しい．

　全サンプル期間の平均値，標準偏差，相関行列は表 7.2 のとおりである．表 7.3 は Boots 株，BA 株の収益率の正規性検定の結果を，図 7.4 はそれを視覚的に示したものである．

表7.3 Boots株，BA株の収益率の正規性検定

〈Boots株収益率〉		〈BA株収益率〉	
標本数	1303	標本数	1303
平均	$-9.8484e-006$	平均	-0.00038847
標準偏差	0.017614	標準偏差	0.020613
歪度	0.40133	歪度	-0.076649
超過尖度	4.7879	超過尖度	1.8272
最小値	-0.094856	最小値	-0.090117
最大値	0.11494	最大値	0.093499
漸近性検定 $\chi^2(2)=1279.5[0.0000]^{**}$		漸近性検定 $\chi^2(2)=182.54[0.0000]^{**}$	
正規性検定 $\chi^2(2)=448.30[0.0000]^{**}$		正規性検定 $\chi^2(2)=119.26[0.0000]^{**}$	

どの投資が最も魅力的か？

現代社会では，個別の投資家には数多くの投資機会がある．株式，債券，不動産，ミューチュアルファンド（追加型株式投資），多様な銀行預金口座，美術品などである．一部の投資はきわめて安全であるが，ハイリスクの投資がもたらす収益に比して，安全な投資の収益率は低い．一方，過去の平均収益率が高くても，投資家は大損をすることもある．リスクを前提とする投資家はどのようにしたらよいのであろうか？　現代のポートフォリオ理論では，「どの投資が魅力的であるか？」という設問自体が間違いであるとされる．投資家は多種類の投資を適切に組み合わせると，単一の資産と同じ水準の期待収益率をもたらす．しかも収益の変動パターンが小さくなるようなポートフォリオをつくり出すことができる，というのが現代ポートフォリオ理論の核心的主張である（Milgrom and Roberts, 1992を参照）．

7.2 2つのリスク資産（株）から構成されるポートフォリオの期待収益率

Boots株の期待収益率を $E(R_a)$，BA株の期待収益率を $E(R_b)$ とする．この2つの株から構成されるポートフォリオの期待収益率を $E(R_p)$ とする．また，Boots株収益率の標準偏差を σ_a，BA株収益率の標準偏差を σ_b とする．このポートフォリオにおけるBoots株の比率が x_a，BA株の比率が x_b であるとすると，次式のように表せる．

$$x_a + x_b = 1 \tag{7.3}$$

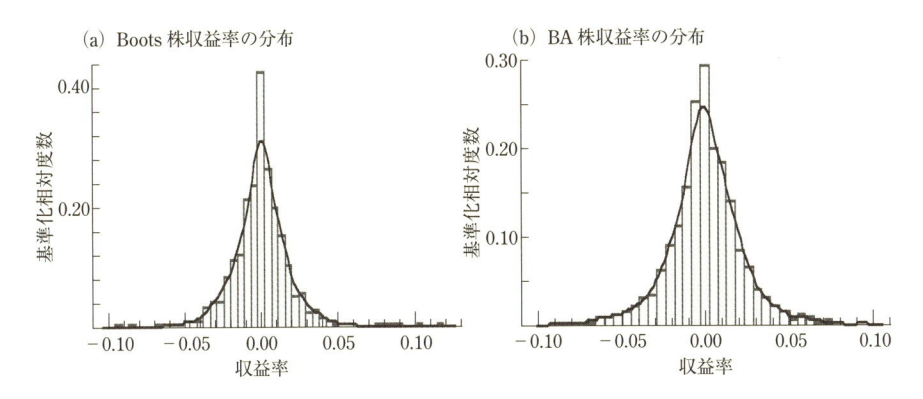

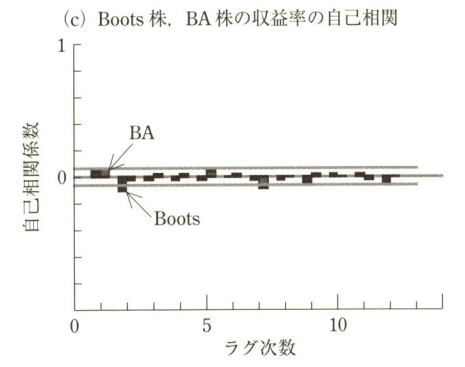

図 7.4 Boots 株, BA 株の正規性検定結果のグラフ検定

Boots 株と BA 株から構成されるポートフォリオの期待収益率は, 2 つの株のそれぞれの期待収益率の加重平均である. つまり,

$$E(R_p) = E(x_a R_a + x_b R_b) = x_a E(R_a) + x_b E(R_b) = x_a \mu_a + x_b \mu_b \quad (7.4)$$

ここで, μ_a は Boots 株の平均収益率, μ_b は BA 株の平均収益率である. したがって,

$$R_p = x_a R_a + x_b R_b \quad (7.5)$$

7.3 ポートフォリオのリスク計算

ポートフォリオの分散は, ポートフォリオを構成する資産の分散の単純な平均ではないことに留意する. σ_p^2 をポートフォリオの分散とすると,

$$\sigma_p^2 = E[\{R_p - E(R_p)\}^2] \tag{7.6}$$

ここで，R_p はポートフォリオの収益率である．

$E(R_p)$ = ポートフォリオの期待収益 = ポートフォリオの平均収益率

$$\therefore \ R_p = x_a R_a + x_b R_b = x_a R_a + (1-x_a) R_b \tag{7.7}$$

表7.2 より，Boots 株の平均収益率は $-9.8484e-006$，BA 株の平均収益率は -0.00038847 であるから $x = 0.5$ であるとすると，このときのポートフォリオの平均収益率は

$$0.5(-9.8484e-006) + 0.5(-0.00038847) \tag{7.8}$$

となる．また，2つの株のリターンの相関係数は 0.15，Boots 株リターンの標準偏差は 0.017621，BA 株リターンの標準偏差は 0.020621 である．したがって，

$$\begin{aligned}
\sigma_p^2 &= E[\{R_p - E(R_p)\}^2] \\
&= E[\{x_a R_a + (1-x_a) R_b - x_a \mu_a - (1-x_a) \mu_b\}^2] \\
&= x_a^2 E\{(R_a - \mu_a)^2\} + (1-x_a)^2 E\{(R_b - \mu_b)^2\} + 2x_a(1-x_a) E\{(R_a - \mu_a)(R_b - \mu_b)\} \\
&= x_a^2 \sigma_a^2 + x_b^2 \sigma_b^2 + 2 x_a x_b Cov(R_a, R_b) \\
&= x_a^2 \sigma_a^2 + x_b^2 \sigma_b^2 + 2 x_a x_b \rho_{ab} \sigma_a \sigma_b
\end{aligned} \tag{7.9}$$

ここで，ρ_{ab} は相関係数 σ_a，σ_b は各名柄の標準偏差である．

ポートフォリオのリスクは収益率の標準偏差 σ_p である．これは σ_p^2 の平方根である．つまり，

$$\sigma_p = \sqrt{x_a^2 \sigma_a^2 + x_b^2 \sigma_b^2 + 2 x_a x_b \rho_{ab} \sigma_a \sigma_b} \tag{7.10}$$

上式が意味することは，ポートフォリオを構成する資産の組合わせ比率 x_a をある値で定めることによって，ポートフォリオの収益率の標準偏差，すなわちポートフォリオのリスクを計算することができる．

いま，株価の日次データ 31 日分の標本を考えてみる．Boots 株と BA 株の収益率は表 7.4 のようであった．

ポートフォリオのリスク計算

投資家が自らの資産の 1/2 を Boots 株に，残り 1/2 を BA 株に投資するとき，このポートフォリオのリスクは次のように計算できる．つまり，次に示す収益率の標準偏差で計算することができる．

表 7.4 の Boots 株と BA 株について計算してみよう．$x = 0.5$，$\sigma_a = 1.147$，$\sigma_b =$

7.4 ポートフォリオの比率を変えた場合

表 7.4 Boots 株と BA 株の収益率

日足	Boots%	BA%	日足	Boots%	BA%
1	*	*	19	0.34965035	− 0.21231
2	1.63934426	− 0.65005	20	0	− 1.50862
3	0.35842294	− 0.32609	21	0.52264808	− 0.4329
4	− 0.8928571	− 0.43668	22	0.17331023	0.431034
5	0.9009009	− 0.65934	23	1.73010381	1.066098
6	− 1.6071429	0.546448	24	0.34013605	0.106496
7	− 1.9963702	1.612903	25	− 2.3728814	− 0.10661
8	− 0.7407407	1.898734	26	− 1.0416667	− 0.64378
9	2.6119403	− 1.71674	27	− 0.7017544	− 1.30435
10	− 0.5454545	2.10084	28	1.76678445	− 0.65646
11	0.54844607	0.626305	29	− 0.1736111	3.177966
12	1.27272727	0.4158	30	0	1.048218
13	1.2567325	− 0.83857	31	0	− 0.52687
14	− 0.5319149	− 2.36052	相関係数	− 0.1287133	− 0.12871
15	0.53475936	− 0.75676	平均	0.15157253	0.063068
16	0.88652482	0.751073	標準偏差	1.14662733	1.275692
17	1.4059754	2.30608	分散	1.31475425	1.62739
18	− 0.8665511	− 1.05932			

1.276, $\rho_{ab} = -0.128$, $E(R_a) = 0.1515$, $E(R_b) = 0.063$ を (7.10) 式に代入すると，次式のように表される．

$$\begin{aligned}
\sigma_p &= \sqrt{x_a^2 \sigma_a^2 + x_b^2 \sigma_b^2 + 2 x_a x_b \rho_{ab} \sigma_a \sigma_b} \\
&= \sqrt{(0.5)^2 (1.147)^2 + (0.5)^2 (1.276)^2 + 2(0.5)(-0.128)(1.147)(1.276)}
\end{aligned}$$

(7.11)

7.4 ポートフォリオの比率を変えた場合

ポートフォリオを構成する資産比率 x が変わると，ポートフォリオの平均収益率と標準偏差が変化する．x_a を変化させて (7.10) 式に従って計算する．ポートフォリオの平均収益率とその標準偏差が表 7.5 のように与えられる．$x_a = 0$ のときは Boots 株の保有比率はゼロであり，すべて BA 株を保有している．$x_a = 1$ のときはすべてのリスク資産は Boots 株を保有しており，BA 株の保有比率はゼロである．これらを表 7.5 にまとめる．

表7.5 ポートフォリオの平均収益率 $E(R_p)$ と標準偏差 σ_p

x_a	$E(R_p)$	σ_p	x_a	$E(R_p)$	σ_p
0	0.063000	1.276000000	0.5	0.107250	0.801422262
0.05	0.067425	1.206200989	0.55	0.111675	0.796834638
0.1	0.071850	1.139411230	0.6	0.116100	0.802624156
0.15	0.076275	1.076191141	0.65	0.120525	0.818570662
0.2	0.080700	1.017206513	0.7	0.124950	0.844098702
0.25	0.085125	0.963235748	0.75	0.129375	0.878373273
0.3	0.089550	0.915166334	0.8	0.133800	0.920417781
0.35	0.093975	0.873972556	0.85	0.138225	0.969221581
0.4	0.098400	0.840665770	0.9	0.142650	1.023818515
0.45	0.102825	0.816212068	0.95	0.147075	1.083333064
			1	0.151500	1.147000000

7.5 機 会 曲 線

ポートフォリオを構成する資産比率 x を変化させて得た期待収益率 $E(R_p)$ と，ポートフォリオの収益率の標準偏差，すなわちポートフォリオのリスク σ_p を組み合わせて平面上に描いた曲線を機会曲線（opportunity curve）という（図7.5）．ここでの期待収益率は，ポートフォリオの実現可能な期待収益率（収益率の平均）である．比率 x を定めると，平面上の曲線の1点が定まる．$x_a=1$ のときはポートフォリオが Boots 株のみで構成されている場合であり，表7.5より，Boots 株の収益率の標準偏差 $\sigma_a=1.147$ と，Boots 株の期待収益率 $E(R_a)=0.1515$ が対応する点が定まる．$x=0$ のときは，BA 株のみで構成されたポートフォリオとなるので，$\sigma_b=1.276$ と $E(R_b)=0.063$ に対応する点が定まる．

点 $x_a=1$ からスタートして x_a をしだいに小さくすると，ポートフォリオの期待収益率 $E(R_p)$ は減少するので，曲線は左下方向に向かう．しかし，ポートフォリオの標準偏差 σ_p は 0.797 まで減少しその後は増大するので（表7.5），点 A からは右下に動くことになる．

2つのリスク資産からなるポートフォリオの分散は，共分散あるいは相関係数によって影響を受ける．このことは，資産の分散投資についてきわめて重要な意味を有している．

(7.10)式に留意しながら，共分散を次のように定義する．

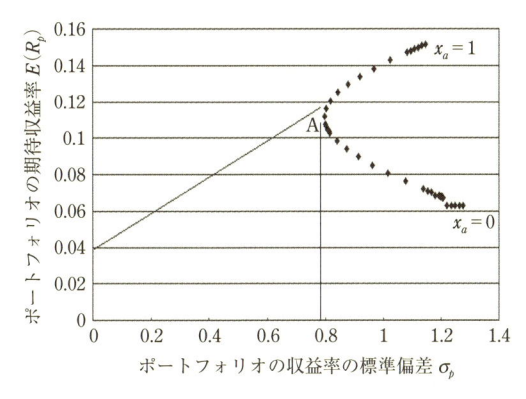

図 7.5　機会曲線

$$\sigma_{ab} = E(R_a - \mu_a)E(R_b - \mu_b) = Cov(R_a, R_b) = \rho_{ab}\sigma_a\sigma_b \qquad (7.12)$$

したがって，資産 A と B の収益率の相関係数は次のように表現できる．

$$\rho_{ab} = \frac{Cov(R_a, R_b)}{\sigma_a\sigma_b}, \qquad -1 < \sigma_{ab} < 1 \qquad (7.13)$$

・完全相関の場合：同じ業種の株価は収益率が同じ動きをする可能性が高い．
・完全な逆相関の場合：相関係数は $\rho_{ab} = -1$ である．2つの資産のリターンは逆の動きを示す．
・無相関の場合：相関係数はゼロ．2つの資産のリターンは独立に動く．

円・ドル為替レートが円安に振れると，輸出産業の株価は上昇する

　資産 A ≥ B の収益率の相関係数が (7.13) 式で表現されることを示したが，輸出産業と輸入産業の株価は円・ドル為替レートの動きと逆の方向に振れることが知られている．すなわち，円・ドル為替レートが円安に振れると，たとえば自動車の対米輸出が増大し，輸出産業の株価は上昇する傾向にある．他方，輸入産業（食品加工産業など）は輸入価格が上昇するため，株価は下落する可能性が高い．

7.6 分散投資の利益

ポートフォリオの収益率の標準偏差は，それを構成する資産の収益率の標準偏差の加重平均であることをすでにみた．完全相関の場合は $\rho_{ab}=1$，完全な逆相関の場合は $\rho_{ab}=-1$ であるから，ポートフォリオの収益率の標準偏差 σ_p はそれぞれ次のようになる．

$$\rho_{ab}=1 \text{ のとき}, \quad \sigma_p=\sqrt{x_a^2\sigma_a^2+(1-x_a)} \tag{7.14}$$

$$\rho_{ab}=-1 \text{ のとき}, \quad \sigma_p=\sqrt{x_a^2\sigma_a^2-(1-x_a)} \tag{7.15}$$

標準偏差は $\rho_{ab}=1$ のとき最大になり，-1 のとき最小になる．

いま図 7.6 を説明しよう．縦軸に σ_p を測り，横軸にポートフォリオの期待収益率 $E(R_p)$ をとる．リスク資産 A, B の収益率の標準偏差はそれぞれ σ_a, σ_b である．$\rho_{ab}=-1$ であるとき，資産の組合わせ比率 x_a をゼロからしだいに増加させると，ポートフォリオの収益率の標準偏差 σ_p は σ_b からしだいに小さくなり，

$$x_a=\frac{\sigma_b}{\sigma_a+\sigma_b} \tag{7.16}$$

でゼロになる．これは次のことを意味する．2つの資産の収益率は逆に動くため，適切な組合わせをすることにより，一定の収益率を確保することができる．ρ_{ab}

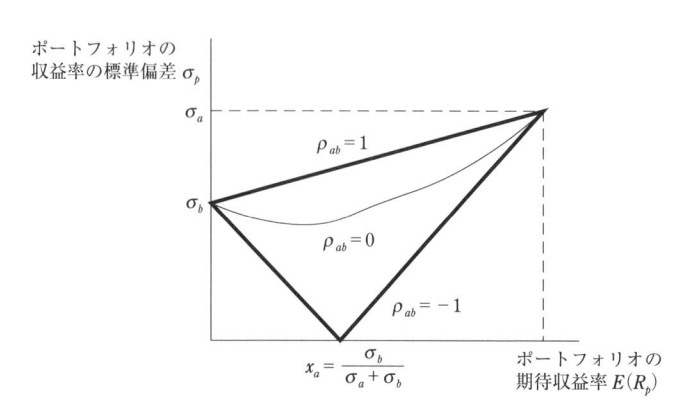

図 7.6 分散投資の利益

$=0$ のとき,すなわち無相関のときは,

$$\sigma_p = \sqrt{x_a^2\sigma_a^2 + x_b^2\sigma_b^2} = \sqrt{(x_a\sigma_a + x_b\sigma_b)^2 - 2x_ax_b\sigma_a\sigma_b} \tag{7.17}$$

であるから,ポートフォリオの収益率の標準偏差は,おのおのの資産の標準偏差の加重平均よりも小さくなる.このことから,適切な組合わせをすれば,ポートフォリオを構成する資産の標準偏差よりも小さな値を得ることができる.

 以上説明したことをまとめると,次のようになろう.すなわち,2つの資産の収益率が完全に相関 ($\sigma_{ab}=1$) していないかぎり,ポートフォリオの収益率の標準偏差はもとの資産の標準偏差の加重平均よりも小さくすることができる.分散投資によって,ポートフォリオの分散を小さくすることができるという点が,分散投資の基本的な考え方である.

7.7 最小分散ポートフォリオ

 σ_a, σ_b, ρ_{ab} の値を既知のものとすると,ポートフォリオを構成する危険資産の比率 x_a を,ポートフォリオの収益率の標準偏差 $\sigma_p = \sqrt{x_a^2\sigma_a^2 + x_b^2\sigma_b^2 + 2x_ax_b\rho_{ab}\sigma_a\sigma_b}$ が最小にするように選択すればよい.これは (7.9) 式を微分したものをゼロとおいて,x_a について解けばよい.すなわち

$$\frac{\partial(\sigma_p)^2}{\partial x_a} = 2x_a\sigma_a^2 - 2(1-x_a)\sigma_b^2 + 2(1-2x_a)\rho_{ab}\sigma_a\sigma_b = 0 \tag{7.18}$$

$$x_a = \frac{\sigma_a^2 - \rho_{ab}\sigma_a\sigma_b}{\sigma_a^2 + \sigma_b^2 - 2\rho_{ab}\sigma_a\sigma_b} = \frac{\sigma_a^2 - \sigma_{ab}}{\sigma_a^2 + \sigma_a^2 - 2\sigma_{ab}} \tag{7.19}$$

分散は相関係数 -1 のとき最小となり,1のとき最大となる.つまり,2つの危険資産の収益が完全逆相関のときにリスクは分散されることになる.

 現在所有しているポートフォリオに,第3の危険資産を加える場合,その資産の収益率がきわめて低いものであっても,既存のポートフォリオと完全に逆相関しているのであれば,ポートフォリオのリスクをさらに減少させることができるわけである.

 いま,n 個の危険資産からなるポートフォリオがあるとしよう.この資産はすべて無相関であるとする.このときのポートフォリオの分散は次のようになる.

$$\sigma_p^2 = (x_a^2\sigma_a^2 + x_b^2\sigma_b^2 + \cdots + x_n^2\sigma_n^2) \tag{7.20}$$

すべての変数が同じ分散をもっているとすると，$\sigma_p^2 = (1/n)\sigma_a^2$ となる．また，n の数が無限大に近づくにつれ，ポートフォリオの分散はゼロに収斂することがわかる．

このように無リスク（リスクレス）資産がプールされると，リスクは分散されて消滅する．

以上の分析の前提としては，次の3点が満足されていなければならない．

(1) 投資家はリスクを嫌い，高水準の期待収益率を好む．リスクは投資収益の分散あるいは標準偏差（分散の平方根）によって測られる．

(2) 安全な収益率をもたらすリスクのない債権が存在する（たとえば国債など）．

(3) 資本市場は完全である．投資家の希望する分量の資産売買がいつでも可能で，その売買自体は資産価格に影響を与えず，売買に要する費用は無視できる程度である．

以上のように，投資家の選好は収益の平均と分散にのみ依存することになる．このような投資理論は，個々の投資に伴うリスクではなく，ポートフォリオ全体のリスクに関心をもっていることになる．ある危険資産Aとの共分散がマイナスであれば，ポートフォリオ中の他の資産収益率が最低となるときに，資産Aの収益率は最高になる．資産Aをポートフォリオに組み込むと，ポートフォリオの収益変動が減少する．リスク回避的な投資家は，このようにして変動を軽減させることができる．危険資産Aの収益が安全資産の収益より低くても，収益差はポートフォリオ全体の収益変動を軽減するために支払う一種のプレミアムとみなして，その資産を組み入れることになる．こうした考え方は，危険資産を個別に評価する投資理論とはまったく異なり，危険資産であればあるほど，その程度に応じた高い超過収益率を当然求める考え方とはまったく別のものである．ポートフォリオという考え方は，健全な投資理論の必須要素になっている．

8

市場モデルと効率的市場仮説

　第7章のポートフォリオの理論を用いて，ある危険資産の期待収益率が，リスクのない資産の収益率を上回る超過収益の幅を計算することができる．超過収益率を決定する式はビジネス上の投資決定に際して，リスクをどのように考慮すべきかという問いに答えることができる．これこそが，新たな投資の現在価値を計算するのに用いるべき資本コストである．古典的なファイナンスの理論が主張するような，企業の総資産に対する収益率を用いるべきではない．Sharp and Lintoner の資本資産評価モデル，あるいは資本資産価格決定モデル（capital asset pricing model, CAPM）の理解が不可欠となる．

　8.1 節では3つの資産からなるポートフォリオの有効フロンティア，8.2 節ではポートフォリオの分離定理を説明し，8.3 節では資本市場線，8.4 節ではベータ値と投資戦略について解説する．8.5 節ではベータの計測期間と不均一分散，単位根問題を説明し，8.6 節では Jensen の実証研究，8.7 節では英国のデータを用いた実証研究の結果を述べる．8.9 節では CAPM（資本資産価格決定モデル），8.10 節では APT モデル（裁定価格理論）について説明する．8.11 節ではシングルインデックスモデルの推計について解説し，8.12 節では CAPM テスト，8.13 節では CAPM の直接的検証法について触れる．8.14 節では Black, Jensen, Scholes の研究を紹介する．

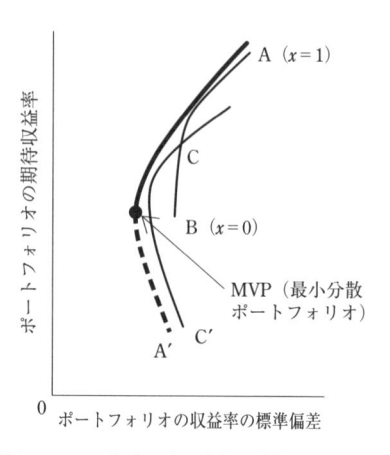

8.1 3つの資産があるときの有効フロンティア

第7章では2つの資産からポートフォリオをつくったが，資産の数が3つ以上になる場合を次に考える．A, B, C の資産がある場合は，まず A と B を組み合わせたポートフォリオの機会曲線 AB をつくる．そして，この機会曲線の任意の点を選び（点 x），それと資産 C を組み合わせたポートフォリオに対して機会曲線 AA′ を描けばよい．新しい機会曲線の一部は，最初の機会曲線よりも左にある（図 8.1）．

複数個の資産があるときはこの手続きを繰り返し，複数個の機会曲線がつくる包絡線が，複数個の資産があるときの機会曲線となる (Merton, 1972). Merton は，収益率の分散が次のような二次曲線で示されることを明らかにした．

$$\sigma^2 = a(E-b)^2 + c \tag{8.1}$$

ここで，a, b, c はそれぞれ収益率の平均，分散，共分散によってのみ決まる定数であり，この二次曲線は，$E=b$ に関して対称である．この二次曲線の底 (b, c) は，最小分散ポートフォリオ (minimum variance portfolio, MVP) の平均と分散である．有効フロンティアあるいは効率的ポートフォリオ (efficient portfolio) は，MVP から右側半分になる．なぜなら，MVP から下側の部分が選択されるとすると，期待収益が大きく分散が小さい点が機会曲線上に存在し，それは最適な点で

図 8.1 3つの資産があるときの有効フロンティア

はないからである．以上より，次のような重要な関係が明らかになる．

- MVP の中に含まれる各リスク資産の構成比率は収益率の分散，共分散のみによって決定される．MVP は収益率の平均とは無関係である．

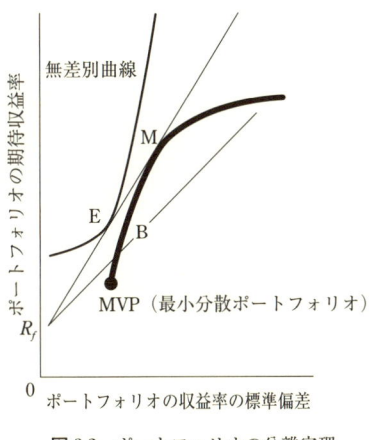

8.2 ポートフォリオの分離定理

ここまでは，ポートフォリオを構成するのは株式のような危険資産であるとしてきた．有効フロンティア上のどのポートフォリオを選択すべきかは，平均，分散のみでは判断できない．しかし，無リスク資産が存在すれば，選択すべきリスク資産のポートフォリオが一意に決まることが知られている．ここで，リスクのない証券を加えると有効フロンティアがどう変わるかを考える．無リスク証券あるいは安全資産の例としては，国債，貸し倒れリスクのない確定利付証券（コール，現先などを含む），普通預金，定期預金を満期まで保有する場合などが考えられる．これらの安全資産の収益率の分散は，ゼロであるものとしよう．安全資産の収益率を R_f で表す．これはリスクフリーレート（risk free rate）と呼ばれる．図 8.2 は，以下で説明するポートフォリオの分離定理を示している．安全資産の収益率は縦軸上の R_f で示される．危険資産を点 B として選択すれば，安全資産 A と危険資産 B とから組み合わされるポートフォリオは図の直線 R_f–B で示される．直線 R_f–B の勾配を少しずつ大きくし，直線が有効フロンティアに接する点

図 8.2 ポートフォリオの分離定理

をMとすると，点Mは安全資産と危険資産の組合わせからなる最適ポートフォリオとなる．このとき，直線R_f-Mは無差別曲線上の点Eで接する．最適ポートフォリオMは，投資家の無差別曲線の形状あるいは選好とは無関係に決定されていることに留意しよう．直線R_f-Mは有効フロンティアに接しているので，直線R_f-Bに比べてどの収益率の標準偏差（資産のリスク）についても期待収益率が大きくなる．点Mはある一定比率で所有されている資産の組合わせを示している．無差別曲線上の点Eは点Mよりもリスク回避的な選好を示すが，投資家のリスクに対する選好のいかんにかかわらず，点Mで示されるポートフォリオを最適なものとして選択することになる．

Tobin（1958）は上でみた関係を分離定理として，次のようにまとめている．

- 投資家が危険回避的であって，その資産が安全資産と危険資産に分散されている場合，保有される危険資産の相互の比率は，無差別曲線の形状に依存することなく，収益の確率分布に関する投資家の予想のみに依存する．
- 安全な資産と危険な資産の組合わせ比率は，投資家の効用関数に依存する．

8.3　資 本 市 場 線

以下の囲みでは，無リスク資産を含む2つの証券からなるポートフォリオの有効フロンティア上に，ポートフォリオのリスクならびに収益率が切片R_f，傾き$\{E(R_i) - R_f\}/\sigma_M$の直線の方程式で表現されることを説明している．$R_i$はリスク資産の収益率，$\sigma_M$は無リスク資産の標準偏差である．

資本市場線の数学的導出（辰巳，2002）

いま，資産Aを無リスク資産とすると，2つの証券からなるポートフォリオの収益率の分散は次式で表される．

$$\sigma_p^2 = x_a^2 \sigma_a^2 + x_b^2 \sigma_b^2 + 2x_a x_b \rho_{ab} \sigma_a \sigma_b \tag{8.2}$$

に

$$\sigma_a = \rho_{ab} = 0 \tag{8.3}$$

を代入すると，

$$\sigma_p^2 = x_b^2 \sigma_b^2 \tag{8.4}$$

となる．したがって，ポートフォリオ収益率の標準偏差は

8.3 資本市場線

である．

$$\sigma_p = x_b \sigma_b \tag{8.5}$$

$$E(R_p) = E(x_a R_a + x_b R_b) = x_a E(R_a) + x_b E(R_b) \tag{8.6}$$
$$= x_a E(R_a) + (1-x_a) E(R_b)$$

両辺を x_a で微分すると，次式を得る．

$$\frac{dE(R_p)}{dx_a} = E(R_a) - E(R_b) \tag{8.7}$$

$$\frac{d\sigma_p}{dx_a} = \frac{d\sigma_p^2/dx_a}{d\sigma_p^2/d\sigma_{pa}} = \frac{1}{2\sigma_p}\frac{d\sigma_p}{dx_a} = \frac{x_a\{\sigma_a^2 + \sigma_b^2 - 2Cov(R_a, R_b)\} + Cov(R_a, R_b) - \sigma_a^2}{\sigma_p} \tag{8.8}$$

したがって，2証券からなる有効フロンティアの傾きは

$$\frac{dE(R_p)}{d\sigma_p} = \frac{\{E(R_a) - E(R_b)\}\sigma_p}{x_a\{\sigma_a^2 + \sigma_b^2 - 2Cov(R_a, R_b)\} + Cov(R_a, R_b) - \sigma_a^2} \tag{8.9}$$

ここで，点Mでの危険資産の比率について

$$x_b = 0, \quad \text{ゆえに} \quad \sigma_p = \sigma_M \tag{8.10}$$

とおくと，点Mでの有効フロンティアの傾きは

$$\frac{\{E(R_i) - E(R_M)\}\sigma_M}{Cov(R_i, R_M) - \sigma_M^2} \tag{8.11}$$

となる．この傾きは点Mにおいて資本市場線の傾きと一致する．したがって，

$$\frac{\{E(R_i) - E(R_b)\}\sigma_M}{Cov(R_i, R_M) - \sigma_M^2} = \frac{E(R_M) - R_f}{\sigma_M} \tag{8.12}$$

これを整理すると

$$E(R_i) = R_f + \frac{Cov(R_i, R_M)}{\sigma_M^2}\{E(R_M) - R_f\} \tag{8.13}$$

無リスク資産を含む有効フロンティア上にポートフォリオのリスク・リターンは直線のかたちで表されることがわかる（図8.3）．R_f から出発し点Mを通る直線は，資本市場線（capital market line）と呼ばれる．この資本市場線上の点（σ_i, $E(R_i)$）は，切片 R_f, 傾き $\{E(R_i) - R_f\}/\sigma_M$ の直線の方程式で表現される．すなわち，直線の方程式は次のようになる．

$$E(R_i) = R_f + \frac{E(R_i) - R_f}{\sigma_M}\sigma_i \tag{8.14}$$

この資本市場線の経済学的な解釈は次のようになろう．市場の均衡では，リスク1単位当たりの超過収益率はすべての銘柄（$i=1,2,\cdots,n$）で一致しなければならない．そして，ポートフォリオMの超過収益率もそれに一致しなければな

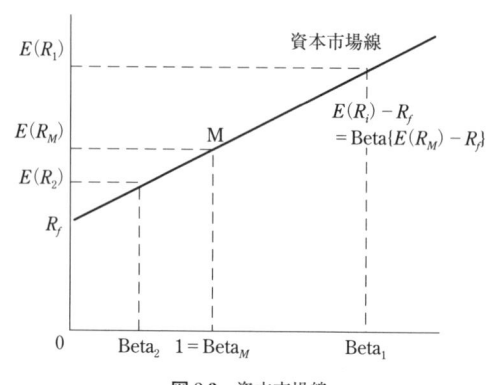

図8.3 資本市場線
Betaについては8.4節参照.

らない.

リスク1単位当たりの超過収益率は,超過収益率を収益率の標準偏差で除したものであるから(辰巳,2002),

$$\frac{E(R_i) - R_f}{\sigma_i} = \frac{E(R_M) - R_f}{\sigma_M} \tag{8.15}$$

この式が満足されないときは,超過収益率の低い銘柄から高い銘柄に投資資金はシフトすることになる.こうして,最終的には均衡が成立する.ここで,$\{E(R_M) - R_f\}/\sigma_M$ はリスクの市場価格と呼ばれる.

直線 R_f-M 上の任意のポートフォリオについて,リスクプレミアムはリスクの市場価格に σ_i を乗じることによって求めることができる.このようにして,定量的にリスクプレミアムを把握できるわけである(野口・藤井,2000を参照).

ポートフォリオMの銘柄別の構成比は,それぞれの銘柄の市場流通量の構成比である.Mは市場ポートフォリオと呼ばれる.米国のS&P500やわが国のTOPIXや日経平均225は,市場ポートフォリオと考えられる.

8.4 ベータと投資戦略

ベータは,ある証券の収益率と市場収益率の共分散を,市場収益率の分散で割った比率と定義される.ベータは,1を中心に分布すると考えられる.ある証券のベータは,証券市場全体の動きとの関連性の程度を示す指標と考えられ,たと

えばベータが 1 の場合は，その証券は市場とまったく同じ動きを示す．市場全体の相場が下落するときは，ベータが 1 より低い証券，すなわち防御的証券に投資資金をシフトする．他方，相場が上昇するときには，ベータが 1 より高い銘柄，すなわち攻撃的な銘柄をポートフォリオに多く組み込めば積極的な投資戦略がとれることになる．

ベータは次のように定求化される．

$$\beta = \frac{\sum_{i}^{n}(y_i - \bar{y})(x_i - \bar{x})}{\sum_{i}^{n}(x_i - \bar{x})^2} \tag{8.16}$$

ここで，$\bar{x}$, $\bar{y}$ は平均を表す．

ベータの有益性は，次のようなかたちで説明できよう．証券 A のベータ＝0.5,証券 B のベータ＝2 とする．いま，市場ポートフォリオ M の収益性が 50% であるとしよう．これは株式相場急騰時のときのものである．このときの各証券の収益率は

証券 A：$0.5 \times 50\% = 25\%$

証券 B：$2 \times 50\% = 100\%$

これと対照的に，株式相場が暴落した局面を考えよう．市場ポートフォリオ M の収益率が -50% になったとする．このとき，各証券の収益率は

証券 A：$0.5 \times (-50\%) = -25\%$

証券 B：$2 \times (-50\%) = -100\%$

上の結果から，相場急騰期には証券 B のパフォーマンスは証券 A よりもはるかによい．他方，相場暴落時には証券 A の方が被害が少ない．したがって，相場の状況に応じて銘柄の構成を変えればよい．ベータを用いた投資戦略には，ベータの安定性が必要な条件になることがわかる．

いま $y_i = R_i$, $x_i = R_M$ とすると，ベータを推計する回帰方程式は $y = a + \beta x$ で表せる．ここで，a は定数である．

8.5 ベータの計測問題と不均一分散，単位根問題

以上みたことから，次のようなまとめができる．すなわち，
- 危険資産の期待収益率 μ_i は，安全資産の収益率 R_f よりもリスクプレミアムだけ高くなければならない．

- 資産 i のリスクプレミアム $\mu_i - R_i = \beta_i(\mu_M - R_f)$ において，$\mu_M - R_f$ はマーケットリスクプレミアムと呼ばれ，資産 i のリスクプレミアムはこのマーケットリスクプレミアムに比例する．ここで，μ_M は市場ポートフォリオ M の収益率である．
- それぞれの資産のリスクプレミアム（$\mu_i - R_f$）は，
$$\text{リスクの市場価格} \times \text{個別資産の標準偏差}$$
ではなく，
$$\text{リスクの市場価格} \times \text{ポートフォリオの標準偏差}$$
に β_i をかけたものである．
- 市場ポートフォリオのベータは 1 であるから，
$$\text{マーケットリスクプレミアム} = \text{リスクの市場価格} \times \sigma_M$$

証券市場の分析では，上でみたベータ値の計測は必要不可欠である．$y = a + \beta x$ のかたちで表される回帰方程式は，しかしながら，単位根検定をしないままで，最小二乗法（OLS）で計測することはできない．また不均一分散の場合は OLS 推計を用いることができない．

この点の理解を深めるために，不均一分散については第 9，10 章でより詳しく説明する．ベータ値を投資戦略に使うにあたっては，この値の安定性が文献上しばしば問題となった．デュレーションの計算，先物（売り）ヘッジ比率の計算にもこのかたちの回帰方程式が用いられるが，時系列分析の観点からは単位根検定の作業や，ARCH 効果の吟味なしに OLS 推計を行うことは望ましくない．わが国の研究では，ベータ値の不安定性がかねてから指摘されてきた（山本, 1990; Sharpe and Cooper, 1972）．

$\beta_i > 1$ のときは，$\sigma_{iM} > \sigma_M^2$ である．つまり，市場ポートフォリオの収益率が 10％上昇すると，資産 i の収益率は 10％以上上昇する．これらは，市場ポートフォリオよりもハイリスク・ハイリターンの資産である．これに対して，$\beta_i < 1$ のときは，$\sigma_{iM} < \sigma_M^2$ でローリスク・ローリターンの資産である．わが国のこれまでのデータでは，電力，ガス産業など地域独占業界の料金は政府規制下にあったため収益が安定していたが，ローリスク・ローリターンの産業であるとも考えられていた．これに対して，ベンチャー企業はハイリスク・ハイリターンのケースである．

わが国のベータ値の計測例

表 8.1 は，野口・藤井（2000）による東京証券取引所株式の業種別ベータ値の推計例である．ただし，推計方法については不明である．

表 8.1　東京証券取引所株式の業種別ベータ値推計例

	過去 60 カ月 (94.10 〜 99.9)	過去 30 カ月 (97.4 〜 99.9)
食料品	0.68	0.53
医薬品	0.57	0.54
鉄鋼	1.23	1.35
金属製品	0.99	1.35
電気機器	1.11	1.24
輸送用機器	0.94	0.92
電気・ガス	0.15	0.00
卸売	1.39	1.63
銀行	1.28	1.34
証券	1.87	1.96

8.6　Jensen の実証研究— Jensen's アルファ—

Jensen（1968）の研究は，ミューチュアルファンドのパフォーマンスについての最初の実証研究である．1945 〜 1965 年における 115 のミューチュアルファンドのポートフォリオを対象にして，次のようなかたちの OLS 推計を行った．

$$R_{it} - R_{ft} = \alpha_i + \beta_i(R_{Mt} - R_{ft}) + \mu_{it} \tag{8.17}$$

ここで，R_{it} は t 時点でのポートフォリオ i の収益率，R_{ft} はリスクフリーの資産の収益率（1 年もの国債），R_{Mt} は市場ポートフォリオの収益率，μ_{it} は誤差項，α_i, β_i はパラメータである．

この実証研究での帰無仮説は，$H_0 : \alpha_i = 0$ である．α_i が正の値であれば，そのファンドは所与の無リスクファンドの市場収益率（market required returns）を上回る異常（アブノーマル）な収益率を上げることを意味する．この係数は，Jensen's アルファと呼ばれる．Jensen の研究結果は表 8.2 のようであった．

平均値あるいは中位数で判断すると，α_i はともにマイナス値であるから，リ

表 8.2　Jensen の計測結果

	平均値	中位数	最小値	最大値
アルファ (α_i)	−0.011	−0.009	−0.080	0.058
ベータ (β_i)	0.840	0.848	0.219	1.405
標本数	17	19	10	20

Brooks (2002) より引用.

スクフリーの資産の収益率を下回っている．"Average fund was unable to beat the market" という表現で Jensen は結論している．しかしながら，リスクレベルを所与としてみると，いくつかのファンドは期待以上のパフォーマンスであった．ベストのファンドは $\alpha_i = 0.058$ であった．

平均的ファンドについては $\beta_i = 0.85$ であった．後に説明する CAPM の文脈では，多くのファンドは市場ポートフォリオよりもリスクが少なかった．これはほとんどのファンドが Small Caps 株に投資するのではなく，Blue Chips 株に投資しているためだと考えられる．

アルファの係数を t 値で分類すると以下のようになった．
- $t > 2$ であるファンドは 5 個であった．つまり，5 つのファンドが市場ポートフォリオを上回る成果を上げていた（outperform）．
- $t \leq -2$ であるファンドは 5 個あり，これらは市場ポートフォリオを明らかに下回っていた（underperform）．
- 残りのほとんどのファンドについては，t 値は有意ではなかった．

取引費用（transaction costs）を勘案した場合は，以下のようになった．
- 115 のファンドのうち，ただ 1 つだけが市場ポートフォリオを上回る成果を上げており，14 ファンドが下回っていた．

以上の結果から，Jensen は米国のファンドマネージャーは市場ポートフォリオの収益率を上回る超過収益を生み出すことはできなかったという結論を下した（Brooks, 2002 を参照）．

8.7　英国の実証研究

Jensen の実証研究は 21 年間の年データを用いているため，回帰分析には十分な標本数ではないという難点がある．Jensen の研究方法に沿って，Brooks (2002)

表 8.3 Brooks の計測結果

	平均値	中位数	最小値	最大値
月平均収益率	1.0	1.0	0.6	1.4
標準偏差	5.1	5.0	4.3	6.9
アルファ (α_i)	-0.02	-0.03	-0.54	-0.33
ベータ (β_i)	0.91	0.91	0.56	1.09
t 値	-0.07	-0.25	-2.44	3.11

が計測した結果を次にみてみよう（表 8.3）．ここでは 1979 年 1 月～ 2000 年 5 月の 257 の月別データ（観測値）が用いられている．76 のファンドの収益率のデータが対象となっている．Brooks の研究結果は以下のようにまとめられる．

ほとんどのファンドの β_i は 1 以下である．つまり，英国のファンドマネージャーは，歴史的にみるとリスク回避型であることがわかる．つまり，成熟した業種の Blue Chips 企業に投資していることがわかる．

取引費用を含んだ場合の推計では，76 のファンドのうち 9 ファンドは市場ポートフォリオを上回る成績であった．つまり，α_i が正の値であったファンドである．7 つのファンドはマイナスの値であった．

平均的ファンドは，市場ポートフォリオを上回る超過収益を上げることはできなかった．

8.8 過剰反応仮説

「収益率の悪い資産（敗者）はやがて勝者になる」という仮説がある．すなわち，パフォーマンスの悪い株が 3 ～ 5 年後に良好なパフォーマンスを示す傾向にあるという仮説である．これを過剰反応仮説という．実証研究としては，DeBondt and Thaler（1987）や Clare and Thomas（1995）の研究がある．過剰反応仮説によると，小企業は大企業よりも平均してより高い収益率を上げる傾向にあるという．敗者は小企業であるが，これらの小企業はその後大企業を上回る成果をみせる傾向があるという主張である．これに対し DeBondt らはこの説明は満足できないとする．彼らは，「幸運が逆転する」ことは「敗者にとって必要とされる収益率（required returns）が変化したこと」であると考える．敗者の場合は，CAPM ベータ値がかなり高く，投資家のパーセプションは，この資産はリスキ

ーであると考えることになる．しかし，ベータ値は時間とともに変化しうるから，株価が相当下落すると，敗者である企業の leverage ratio が引き上がる．これらが相まってリスク度 (riskness) のパーセプションが強化される．したがって，敗者にとって必要な収益率は大きくなる．Ball and Kothari (1989) は，敗者のベータ値は勝者のベータ値よりもはるかに大きい値であることを確認している．

以下では，Clare and Thomas (1995) の実証研究に用いた方法論を説明する．彼らは英国の株式の収益率について 1955 ～ 1990 年の 36 年間にわたるデータを用い，以下の手順で実証研究を行った．

- 1000 企業をランダムに選び，月別の超過収益率を計算する．
- それぞれの株式の超過収益率は 12 カ月間，24 カ月間，36 カ月間の 3 通りの期間について計算する．
- 月別超過収益率 U_{it} は次式で求められる．

$$U_{it} = R_{it} - R_{Mt}, \quad \bar{R}_{it} = \frac{1}{n}\sum_{t=1}^{n} U_{it}, \quad t = 1, 2, \cdots, n, \quad n = 12, 24, 36$$

- 1000 企業をそれぞれの平均収益率に応じて，次のような 5 グループに分類する．
    ポートフォリオ 1：パフォーマンスのよい企業上位 20%
    ポートフォリオ 2：次にパフォーマンスのよい企業上位 20%
    ポートフォリオ 3：その次にパフォーマンスのよい企業上位 20%
    ポートフォリオ 4：さらにその次にパフォーマンスのよい企業上位 20%
    ポートフォリオ 5：最もパフォーマンスの悪い残りの 20%
- 分類したポートフォリオのそれぞれ 12 カ月，24 カ月，36 カ月間分を観察し，$\bar{R}_{it} = (1/n)\sum_{t=1}^{n} U_{it}$ を計算する．
- $R_{pt}^{\bar{W}}$ ＝勝者（上位トップ 20% のポートフォリオの平均収益率），$R_{pt}^{\bar{L}}$ ＝敗者（最もパフォーマンスの悪いポートフォリオらの平均収益率）として，次の回帰方程式を推計する．ここで，pt は t 期のポートフォリオを意味する．

$$\bar{R}_{Dt} = \alpha_1 + \eta_t \tag{8.18}$$

ここで，η_t は誤差項である．また

$$\bar{R}_{Dt} = R_{pt}^{\bar{L}} - R_{pt}^{\bar{W}} \tag{8.19}$$

である．つまり，敗者 対 勝者の超過収益率を定数上に回帰したのが α_1 である．

8.8 過剰反応仮説

表 8.4 Clare and Thomas (1995) の実証研究の結果

	$n = 12$	$n = 24$	$n = 36$
敗者の収益率	0.0033	0.0011	0.0129
勝者の収益率	0.0036	−0.0003	0.0115
勝者と敗者の年収益率の差(%)	−0.37	1.68	1.56
係数 α_1	−0.00031	0.0004*	0.0013
	(0.29)	(2.01)	(1.55)
係数 α_2	−0.00034	0.0014*	0.0013*
	(−0.30)	(2.01)	(1.41)
係数 β	−0.022	0.010	−0.0025
	(−0.25)	(0.21)	(−0.06)

*：統計的に 5％水準で有意．

- α_1 が有意であるか，また正の値をとるかの検定を行う．ここで留意しなければならないのは，正値の α_1 が有意であっても，過剰反応仮説を証明したことにはならない．敗者の株はより危険であるために，高い収益率を要請しているかもしれないからである．
- リスクの差を勘案して，次式を推計する．

$$\bar{R}_{Dt} = \alpha_2 + \beta(R_{Mt} - R_{ft}) + \eta_t \tag{8.20}$$

以上の研究結果は，次のようであった（表 8.4 参照）．

- 12 カ月では敗者が勝者として復活するには短期間である．
- 24 カ月では敗者が勝者になる．敗者の収益率は勝者よりも年率で 1.68％高い．
- 36 カ月でも敗者が勝者になる．敗者の収益率は勝者よりも年率で 1.56％高い．
- α_2 は定数の係数である．これは敗者と勝者の収益の差を示す．
- β は勝者にとってのポートフォリオの市場ベータと敗者にとっての市場ベータの差を示す．どの推計も有意ではない．
- 1 月の収益率を除いて推計すると，敗者のパフォーマンスは下がり，α_1 の値も小さくなる．このことから，過剰反応現象は 1 月に起きると結論できる．

Clare と Thomas は，企業規模を勘案した場合についての推計も行っている．企業規模が最小のものを 20％（$i = 1$）選び，次のグループを 20％，…とし，規模の大きい企業を上位 20％（$i = 5$），と 5 つのグループに分けて収益率ごと（$j = 1$, …, 5）に推計を行っている．つまり小企業と大企業の分類と，勝者と敗者の分類

を組み合わせたものである．
$$R_{Dt}^1 = \overline{R}^{11} - \overline{R}^{51}, \quad R_{Dt}^2 = \overline{R}^{12} - \overline{R}^{52}, \quad R_{Dt}^3 = \overline{R}^{13} - \overline{R}^{53},$$
$$R_{Dt}^4 = \overline{R}^{14} - \overline{R}^{54}, \quad R_{Dt}^5 = \overline{R}^{15} - \overline{R}^{55}$$

企業が敗者であるか勝者であるかを所与として，どの程度，小企業の収益率が大企業の収益率よりも大きいかを試算した研究結果は以下のとおりとなった．

・2～3年の期間をとると，小企業より大企業のパフォーマンスのほうがよい．
・CAPMベータ値は大企業のほうが大きく，ベータ値は0.1～0.4大きい．
・1年の期間では企業の規模の効果は認められない．
・1月のデータを除くと，小企業のパフォーマンスは弱くなる．2～3年の期間では1月効果は消滅する．

以上の結果は，敗者が後に勝者になるケースはほとんどなく，英国のデータでは過剰反応現象の大部分は規模の効果であると結論される．

高リスクに対する報酬が高収益率である，というリスクと収益率に関する関係に対し，そうでない現象は株式市場の変則性（anomaly）と呼ばれる．この中には，次のようなものが通常，考えられている．

・低位株は高収益をもたらす．
・小型株は高収益をもたらす．
・米国，英国では月曜日，日本では火曜日に収益が低くなる．
・1月は世界的に高収益となる．
・低PER銘柄はそれに見合うリスクが対応しないにもかかわらず，高収益を実現する．
・低収益銘柄は一定期間後，高収益銘柄に転ずる（リターンリバーサル）．

8.9 資本資産価格決定モデル（CAPM）

以上みてきた資本市場線（あるいは証券市場線）などの概念を用いて資本資産価格の決定を行うモデルを，資本資産価格決定モデル（capital asset pricing model，CAPM，キャップエム）と呼ぶ．CAPMが成立するには，いくつかの前提条件がある．

第1に，投資家が予想する収益率は正規分布で近似化されるという前提がある．投資家の期待収益率と期待収益率の標準偏差の2つのパラメータによって，

8.9 資本資産価格決定モデル（CAPM）

投資基準が表現できるという考え方である．CAPM が2パラメータアプローチと呼ばれるのはこのためである．CAPM では，投資家の投資基準は効用関数の極大化であるとされるが，はたして効用関数を特定化できるのかという問題がある．

第2に，市場には取引にかかるコストはないという簡単化の前提がある．つまり，売買手数料や税金が存在しないという世界である．

第3に，リスクのない証券，すなわち無リスク証券が存在し，その利子率で借入れ，貸出しが可能であるという前提がある．借入れ利子率と貸出し利子率はここでは等しいものとされる．

第4に，証券の取引単位は無制限に分割できると前提されている．

第5に，市場は完全競争であるという前提がある．特定の投資家の行動は証券価格に影響を与えることはなく，情報収集のコストは不要で投資家はプライステイカーである．現実の世界では，ある株の収益率に影響する新たな環境を投資家が学習する可能性がある．

第6に，市場の流動性について，また信用取引制度の整備について次のような前提がある．すなわち，市場でつけられている価格で，いくらでも望むだけ多量の証券売買ができる．また，どのような証券も手持ち保有量以上のいくらの量でも空売りできるという前提である．

第7に，将来の投資収益率について同質の期待が前提とされている．つまり，売買可能な証券の収益率について，すべての投資家が同一の確率分布をもった予想をしているという前提である．現実の世界では，投資家はそれぞれ異なった期待をもっており，短期間では市場は均衡ではなく超過収益を生む機会が生じうる．また，異なった投資家は市場のトレンドと考えられるもの（perceive）に投資基準をおくことが考えられる．大勢の投資家からなる経済主体（agent）がトレンドを追う場合，合理的な市場参加者（smart agent）はトレンドに従うことが賢明であると考える可能性もあるし，また市場に人為的な情報を流すこと（noise trade）で形成される株価を追うかもしれない．

第8に，投資期間は同一である．すなわち，証券の残存期間が企業の存続期間に等しいという前提である．

8.10　裁定価格理論— APT モデル—

　CAPM は，真の市場ポートフォリオが使用されるときにのみ意味がある．しかし，たとえば東証第一部上場銘柄は真の市場ポートフォリオの部分集合であるかもしれない．真の市場ポートフォリオを得ることは，現実にはほとんど不可能である．

　Fama and French (1992) は 1963 〜 1990 年のニューヨーク証券取引所，アメリカン証券取引所，ナスダックをクロスセクションデータで分析したところ，ベータ値と収益率の間には何の関係もなかったことを報告している．

　個別の株式の期待収益率と市場ポートフォリオ期待収益率決定の理論としてのCAPM に対し，裁定価格理論（arbitrage pricing theory, APT）として知られるモデルは，効用関数を前提としないモデルである．大まかな説明をまずすると，APT は証券の収益を期待収益と予想外の収益，あるいはサプライズの部分に分けて考えるアプローチである．個々の証券についてみると，このサプライズの部分は，すべての証券に影響を与える情報（これをファイナンスの理論ではジェネラルニューズ (general news) と呼ぶ）と，特定銘柄にのみ影響を与えるニュースとに区別される．たとえば，中央銀行が予想外の金利の変更を行う場合は，すべての株価に影響を与える．他方，新しいレーダシステム発明のニュースは航空宇宙産業の株価に影響を与えるとしても，化学産業やサービス産業には影響がないものと考えられる．APT では, general news はすべての株価に影響を与えるが，その効果は各銘柄によって異なると考える．CAPM では，期待収益率に影響を与えるのは各証券の収益率と市場ポートフォリオの収益率間の共分散のみであるが，APT では特定銘柄の株価に影響を与えるものとして多くのファクターが考えられているという意味で，より一般的なモデルである．

　Roll (1977) は，収益率に影響を与えるようなマクロ経済変数（GNP, インフレーション，為替レート，債権の長短金利差など）のファクターを収益率発生の確率過程を近似するものとして，(8.21)式で表現される考えを提案した．

$$R_{it} = R_{it}^e + \mu_{it} \qquad (8.21)$$

ここで，R_{it} は証券 I_i の実際の収益率，R_{it}^e は期待収益率，μ_{it} はサプライズあるいは予想外のニュースの部分である．このサプライズの部分は，さらにシステマテ

ィックリスク（systematic risk）あるいは市場リスク m_t とアンシステマティックリスク ε_t（idiosyncratic or specific risk）に分割することができる．

$$\mu_{it} = m_t + \varepsilon_{it} \tag{8.22}$$

政府のGDP速報発表，中央銀行の突如の金利政策変更の発表など，経済全般にわたるニュースは F で示される．これは，異なった証券には異なった影響をそれぞれ与えるものと考えられ，係数 b_{ij} で示される．E は $t-1$ 期の情報に適用される期待オペレータである．たとえば，ある特定の企業が金利の突如の変更に0.5のウエイトを与えるとすると，その企業の予想を上回る金利変更部分1%ごとに0.5%収益を上昇させることになる．

$$m_t = \sum_j b_{ij}(F_j - EF_j)_t = b_{i1}(F_{1t} - EF_{1t}) + b_{i2}(F_{1t} - EF_{1t}) + \cdots \tag{8.23}$$

APTモデルでの重要な前提は，アンシステマティックリスクは異なった証券間では無相関であるというものである．すなわち，

$$Cov(\varepsilon_i, \varepsilon_j) = 0 \tag{8.24}$$

市場ポートフォリオ $\mu_i - R_f = \beta_i(\mu - R_f)$ という概念を使わずに，資産の価格を評価できるモデルである．しかし実用化にあたっては，計量経済学的な問題が多くあり，意図どおりの結果が得られないかもしれないとされている（辰巳，2002を参照）．

8.11 シングルインデックスモデル（SIM）の推計問題

シングルインデックスモデル（single index model, SIM）は，次のようなモデルで表現される．

$$R_{it} = \phi_i + \delta_i I_t + \varepsilon_{it}, \quad i = 1, 2, \cdots, n \tag{8.25}$$

これは変数の行動仮説を含んだモデルではなく，証券の収益率 R_{it} が単独の経済変数として表現できるかもしれないという統計的なモデルである．証券 R_{it} の収益は単一の（経済）変数 I_t の一次関数として表現されている．ここで，ϕ_i, δ_i はパラメータ，I_t はたとえばGNPであり，ε_{it} はホワイトノイズである．ε_{it} は，収益率を明示的には説明できないが，収益率に影響を与える不確定要素（unexplained elements）である．いま，この要素が他の証券 j（あるいは証券のポートフォリオ）のそれと独立であれば，

$$Cov(\varepsilon_{it}, \varepsilon_{jt}) = E(\varepsilon_{it}, \varepsilon_{jt}) = 0, \quad i \neq j \tag{8.26}$$

また，I_t が ε_{it} と独立ならば

$$Cov(I_t, \varepsilon_{it}) = 0 \tag{8.27}$$

である．

SIM は，n 個の資産からなるポートフォリオの有効フロンティアのパラメータ推定の際に，n が増大するにつれて計算が困難になるために考えられた．収益率の共分散に一定の事前の情報（構造）を仮定することで，平均・分散ポートフォリオ理論の実践をより効果的にする手法であると考えられている（小暮・照井，2001 を参照）．

上のすべての仮定が充足されるのであれば，各証券のパラメータ（ϕ_i, δ_i）の不偏推定値（unbiased estimates）は OLS 回帰方程式で推計することができる．

このような SIM が一般的である理由は，n 個の証券の平均・分散を計算するうえで，パラメータの数を少なくすることができるからである．したがって，効率的ポートフォリオの計算が可能になるわけである．つまり，ここでは次の関係が成立している．

$$E(R_{it}) = \phi_i + \delta_i E(I_t) \tag{8.28}$$

$$\sigma_i^2 = \delta_i^2 \sigma_I^2 + \sigma_{\varepsilon_{it}}^2 \tag{8.29}$$

$$\sigma_{ij} = \delta_i \delta_j \sigma_I^2 \tag{8.30}$$

いま，n 個の証券からなるポートフォリオを考える．これは次のように表現できる．

$$E(R)^p = \sum_i^n x_i E(R_i) \tag{8.31}$$

$$\sigma_p^2 = \sum_i^n x_i^2 \sigma_i^2 + \sum_{i=1}^n \sum_j^n x_i x_j \delta_{ij} \tag{8.32}$$

最適なポートフォリオ x_i^* を計算するには

$$n - E(R_i) \tag{8.33}$$

$$n - \sigma_i^2 \tag{8.34}$$

$$\frac{n(n-1)}{2} - 共分散 \tag{8.35}$$

を必要とする．

SIM が資産の収益をうまく描写する統計モデルであるためには，n 個の（ϕ_i,

δ_i, σ_i^2), $E(I_t)$, $\sigma_i^2 I$ が必要である．これによって $E(R)^p$, σ_p^2 を計算することができる．すべての共分散を計算するには，他の情報は不必要である．n がかなり大きな数であれば，(8.35)式から計算ははるかに節約できる．SIM がこのように用いられるときは，($\sigma_i^2 I$ の代わりに) 分散が σ_m^2 である市場ポートフォリオ R_t^m の実際の収益率のように考えることができる．$E(R_t^m)$, σ_m^2 はそれぞれ，最近の期間の標本から計算されたものでありうる．

しかしながら，SIM は次の理由から超過収益率を表現するには貧弱なモデルであると考えられる．すなわち，$E(\varepsilon_i \varepsilon_j) = 0$ という独立の仮定は現実にはほとんど成立しないからである．もし 2 つ，あるいはそれ以上の証券の収益率 $E(R_i)$ が 1 つ以上のインデックスに依存する場合は，ε_i, ε_j は必ず相関するからである．つまり，それぞれの方程式で共通の変数がモデルから外されているときのバイアス（omitted variable biase）を生むからである．換言するならば，ポートフォリオ A に含まれる株に影響を与えるニュースあるいはショックは，ポートフォリオ B の収益に影響を与えないということはありそうもないからである．

8.12 CAPM のテスト

標準 CAPM による証券の期待超過収益率は，次式で予測することができる．

$$E(R_{it}) - r_t = \beta_i E(R_t^m - r_t), \quad \beta = 定数 \qquad (8.36)$$

ここで，r_t はリスクフリー資産の収益率である．合理的な期待（rational expectation）を仮定する，つまり，予測値と現実の値の差はランダムウォークであるとする仮定は次の二式で表現できる．

$$R_{it} = E(R_{it}) + \varepsilon_{it} \qquad (8.37)$$

$$R_t^m = E(R_t^m) + \omega_{it} \qquad (8.38)$$

ε_{it} と ω_{it} はホワイトノイズの誤差項で，

$$R_{it} - r_t = \beta_i E(R_t^m - r_t) + \varepsilon_{it}^* \qquad (8.39)$$

$$\varepsilon_{it}^* = \varepsilon_{it} - \beta_i \omega_{it} \qquad (8.40)$$

である．これらは次のように整理できる．

$$R_{it} = r_t(1 - \beta_i) + \beta_i R_t^m + \varepsilon_{it}^* \qquad (8.41)$$

この式を SIM の (8.25)式と比較すると，なぜ SIM に問題があるのかがわかる．

仮に CAPM が真のモデルであるとしよう．これは

$$\delta_i = r_t(1 - \beta_i) \tag{8.42}$$

となる。ここでの，β_i は定数であっても，SIM の δ_i は定数にはならない．なぜならば，r_t は時間とともに変化するからである．CAPM が真のモデルであるとき，市場ポートフォリオの収益率の予測の誤差項 ω_{it} に ε_{it}^*，ε_{jt}^* は依存することになる．これは，SIM も基本的な仮定に矛盾することになる．

CAPM が真のモデルで，r_t と R_t^m が相関していると，SIM はモデルから外されている変数（an omitted variable）である．標準的な計量経済学の理論に基づくならば，δ_i の OLS 推定値はバイアスがある．相関係数 $\rho(r, R^m) < 0$ であれば，δ_i は下方にバイアスがある．したがって，CAPM によって与えられる真の β_i の推定値としては望ましくないものとなる（Cuthbertson, 1996 を参照）．

8.13 CAPM の直接的検証法

CAPM を直接検証してみる．これは通常 2 段階にわたって行われる．まず最初に，時系列回帰式を求める．ここで $\beta =$ 定数とおくと，

$$R_{it} - r_t = \alpha_i + \beta_i(R_t^m - r_t) + \varepsilon_{it}^* \tag{8.43}$$

ここではすべての証券について $\alpha_i = 0$ を想定する．このようにして，β_i の推計値は次に推計するクロスセクション回帰式に用いる．標本平均収益率 $\overline{R}_{it}$ は最初の回帰式から得られた $\overline{\beta}_i$ 上に回帰する．すなわち，

$$\overline{R}_{it} = \psi_0 + \psi_1 \hat{\beta}_i + v_i \tag{8.44}$$

上式を標準 CAPM (8.36)式と比較する．

$$R_{it} = r_t + \beta_i(R_t^m - r_t) + \varepsilon_{it}^* \tag{8.45}$$

$$\psi_0 = \overline{r}, \quad \psi_1 = (\overline{R}^m - \overline{r}_t) \tag{8.46}$$

ここでのバーは，標本平均を示す．

$\overline{\beta}_i$ の不偏推定値があるとするならば，β_i のみが R_{it} に影響するはずである．CAPM が真のモデルであるとする帰無仮説のもとで，2 番目に推計するクロスセクション回帰式は

$$\overline{R}_{it} = \psi_0 + \psi_1 \beta_i + \psi_2 \beta_i^2 + \psi_3 \sigma_{\varepsilon_i^*}^2 + \eta_i \tag{8.47}$$

となる．ここで，$\sigma_{\varepsilon_i^*}^2$ は最初の回帰式による証券 I の分散の不偏推定値である．また，次の帰無仮説が成立するものとする．

$$H_0 : \psi_2 = \psi_3 = 0 \tag{8.48}$$

仮に $\psi_2 \neq 0$ であるならば，分散可能なリスクは証券の期待収益率に影響し，CAPM に矛盾することになる．

以上みたことから，CAPM には次のような計量経済学の観点からの問題があることがわかる．

- CAPM の誤差項の分散が一定でない場合，誤差項が不均一分散 (heteroscedastic) であるかもしれない．この場合は，OLS の標準誤差は正しくないため他の推計方法を用いなければならない（Hansen の GMM 推定量あるいは GLS 推定量）．これについては第9, 10章で説明する．
- CAPM では，ε_{it}^* が系列相関を示す可能性が排除できない．
- $\hat{\beta}_i$ の推定値が不偏推定値であっても，誤差をもって測定されている．したがって，(8.44)式では変数の古典的な誤差問題が生じていると考えられる．OLS の係数 ψ_1 は下方にバイアスをもっている．
- 仮に真の β_i が証券の誤差分散 $\sigma_{\varepsilon_i}^2$ と正の相関を示すときは，クロスセクション回帰式では $\sigma_{\varepsilon_i}^2$ は有意と判定される．
- ε_{it}^* の誤差の分布が非正規であると，正規分布を前提とした分析はすべてバイアスを生む．特に正の歪度がクロスセクション回帰式での残差項にある場合は，残差リスクと収益率の間には，真のモデルでは何の関係がないにもかかわらず，関係が存在するという誤った結論を導くことになる．
- 以上のことから，時系列回帰式から真のベータを推計し，クロスセクション回帰式で正しい意味のある推計を行うという試みをしても，計量経済学的にはかなり深刻な問題が横たわっていることがわかる．

8.14 Black, Jensen ならびに Scholes の研究

Black, Jensen and Scholes (1972) は，1926～1966年の月別収益率の時系列データを用いて，まず最初に時系列回帰式を推計した．彼らはまず，個々の証券のベータ値のサイズに応じてすべての株を10個のポートフォリオのセットにグループ化し，不均一分散性の問題を最小化した．これは，ベータ値推計における誤差項を最小にする試みである．すなわち，個々の証券のベータ値推計は，5年間ロールオーバーすることによってベータ値の時系列データをつくり，これをポートフォリオ作成に用いている．月別の収益率 R_{it}^p が市場ポートフォリオの収益

表 8.5 Black らによる CAPM の検証結果
$(R_{it}^p = \hat{\alpha}_{it} + \hat{\beta}_i R_t^m)$

ポート フォリオ	$\hat{\beta}_i$	超過収益率	$\hat{\alpha}_i$
1	1.56	2.13	-0.08
2	1.38	1.77	-0.19
3	1.25	1.71	-0.06
4	1.16	1.63	-0.02
5	1.05	1.45	-0.05
6	0.92	1.37	-0.05
7	0.85	1.26	0.05
8	0.75	1.15	0.08
9	0.63	1.10	0.19
10	0.49	0.91	0.20
市場	1.00	1.42	

率 R_t^m 上に回帰される．期間は 35 年間である．

$$R_{it}^p = \hat{\alpha}_{it} + \hat{\beta}_i R_t^m \tag{8.49}$$

この結果は表 8.5 にまとめてある．またクロスセクション回帰方程式の結果は次のようであった．

$$\overline{R}_i^p - r = 0.00359 + 0.0108\beta_i, \qquad R^2 = 0.98 \tag{8.50}$$

切片は非ゼロであるから，CAPM とは整合しない．しかしゼロ-ベータ CAPM とは整合する結果であった．$\beta > 1$，$\alpha < 0$ はゼロ-ベータ CAPM が真のモデルであるときに予測される結果である．

このほかに Fama and MacBeth (1974) の実証研究がある．1935 ～ 1968 年の月別データを用い 20 のポートフォリオについて，まず時系列回帰式を次のように定式化した．

$$\overline{R}_{it} = \psi_0 + \psi_1 \beta_i + \psi_2 \beta_i^2 + \psi_3 \sigma_{\varepsilon_i^*}^2 + \eta_i \tag{8.51}$$

次いで，クロスセクション回帰式を求めたが，ψ_2 と ψ_3 はゼロから有意に異ならないという結果であった．また η_i は系列相関がないことも確認された．つまり CAPM を支持する結果であった．

第 9 章では分散，共分散が自己回帰条件付き不均一分散（ARCH）モデルなどで処理されることを示す．

9

ボラティリティ変動モデル

　ノーベル経済学賞を受賞した Engle が提唱した自己回帰条件付不均一分散（autoregressive conditional heteroscedasticity, ARCH）モデルについて，本章ではできるだけ平易に説明する．

　9.1 節では ARCH モデルの意義，9.2 節では ARCH モデルと資産価格のボラティリティ理論について説明する．9.3 節では円・ドル為替レートのボラティリティについて解説する．

　時系列モデルは，初期の段階では予測や季節変動の修正などに用いられていた．1970 年代に入ると，自己回帰移動平均過程（autoregressive moving average process, ARMA）モデルの研究が進む．このモデルは実際，容易に適用できるもので，時系列変数の現在の値が自己のラグ付き変数と，現在ならびに過去のノイズ（誤差項）の線形関数として表現されるものである．しかし，ARMA モデルの弱点は，本質的に線形であるという制約である．変数のダイナミックな動きを線形関数で近似せざるを得ないという点と，ARMA の性質に制約条件を課すことができないという点から，モデルを構造的に解釈するには不十分であることが指摘されていた．特に ARMA モデルは金融時系列変数に適用すると，あまり芳しい結果を得ることができなかった．金融時系列変数にはさまざまな特徴があり，非線形的な特徴を示したり，後で説明するように，自己の過去の変動（ボラティリティ）に大きく依存することなどがわかってきた．

　均衡概念，あるいは合理的意思決定の理論に基礎をおく金融工学的な視点から

すると，パラメータの構造的制約を課したり，この制約の妥当性を検証することが要請される．そこで，Engle が示したような，回帰モデルの誤差項の条件付き分散 σ_t^2 が過去の誤差の大きさに依存するという可能性を考えるモデルが開発されたのである．この分野には，Bollerslev などの貢献による ARCH 拡張モデル GARCH（generalized ARCH）や EGARCH（exponencial GARCH）モデルなど，多数のモデルがある．これらの詳細な説明は，技術的に高度になるので第 10 章に譲る．

9.1 ARCH モデルの意義

過去の変動に依存するというモデルが開発されると，従来の標準的なファイナンス理論の再定式化が要請されるようになる．そして，ダイナミックな資産選択に用いられる構造的なモデルが提唱されるようになり，確率過程の変動（ボラティリティ）を含むデリバティブ金融商品，ならびにオプション価格（英語では derivative asset pricing）に関心が注がれるようになる．ARCH モデルが今日，成功の評価を得た背景には，従来の静態的なファイナンス理論が実践面で力を発揮できなかったことがある．とはいえ 1990 年代初頭までは，ARCH モデルは実践には使えない理論的な段階のモデルであると考えられていた．しかし今日，国際的に活躍する欧米の主要金融関連の組織では，ポートフォリオのヘッジには欠かすことのできない技術として実際に用いられている．そのため，英国に本拠をおく Timberlake 社のような時系列の高度の専門家育成を行うサービスが，欧米の大手の金融関係者ならびに研究機関，中央銀行から珍重されている．いまでは OxMetrics（この中には PcGive と同じ系統のソフト G@RCH が含まれる），EViews などの ARCH モデルをベースにした時系列分析ソフトが簡単に購入できるようになった．特に実践に使いやすい専門ソフト G@RCH は資産選択の意思決定を補完するものとして，今後，特に金融実務の場でますます重要性を高めていくと考えられる（第 10 章では，近年注目を浴びている G@RCH を用いていろいろなモデルを比較した演習結果について説明する）．

9.2 ARCHモデルと資産価格のボラティリティ理論

資産価格の変動（ボラティリティ）の理論は近年，金融理論の中で脚光を浴びている．以下のARCHモデルの解説では，株価，外国為替レートなどのような資産価格の変動に焦点をあわせて説明する．変動の概念はマクロ経済学の中で大きな役割を果たすので，ここでのモデル解説は経済学の先端研究分野を理解するうえでも重要である．これらを説明するうえで，まずランダムウォークを紹介し，次いでボラティリティについて述べる．

9.2.1 ランダムウォークモデル

株価の変動，外国為替レートなど資産価格の変動の性格を説明するために，次のランダムウォークと呼ばれるモデルを考える．

$$y_t = y_{t-1} + \varepsilon_t \tag{9.1}$$

これは，

$$\Delta y_t = y_t - y_{t-1} = \varepsilon_t \tag{9.2}$$

と表示することができる．つまり，現在の値 y_t は自己の過去の値 y_{t-1} と誤差項（あるいは攪乱項）ε_t にのみ依存する，という変数の動きを説明するモデルである．株価の過去の動きを調べても将来の株価は予想できない，という考えは，株価はランダムウォークであるという主張につながる．株価には予想外の事象，要因が絶えず影響してくる．この予想外の事象をすべて攪乱項である ε_t が代表して表現していると考える．このモデルでは，投資家は将来の株価を正確に予測することはできないということを意味する．もし投資家が将来の株価を正しく予測できるのであれば，この投資家は超過利潤を上げることができる．超過利潤が得られる投資機会が存在するならば，即座に大勢の投資家が殺到することになる．したがって，甘い汁を吸う投資機会はたちまちのうちに消滅してしまう．実際には，そんなにうまい話は存在しない．

9.2.2 ドリフト付きランダムウォークモデル

好景気の局面，経済成長の過程にある経済では，株価が時間の経過とともに上昇していることがある．このような場合は，株価が期間平均で a だけ上昇しなが

ら，そのトレンドをめぐってランダムな動きを示すとしたほうが現実を描写できると考えることもできる．このようなときは，次のモデルを考える．

$$\Delta y_t = a + \varepsilon_t \qquad (9.3)$$

つまり，トレンドについては予測が可能であるが，それ以外の動きについては予測ができないと考えるモデルである．このようなモデルをドリフト付きランダムウォークモデル（random walk with drift model）と呼ぶ．このようなランダムウォークモデルによれば，証券業界の専門家がある特定株の動向を予測したとしても，その株価の予測はあてにならないということを意味する．日本の証券会社には，どの株が買いでどれが売りかを顧客に薦める経験豊かな専門家が活躍している．しかし，欧米の証券会社の専門家はこれに首をかしげる人が多くいる．それは，株価がランダムウォークであることを信じているからである．1990年中葉，日本の大手証券会社が倒産に追い込まれ，外資系の証券会社に大勢の証券マンが再雇用されたが，実は上記の点で多くの日本人スタッフが当惑したという話がある．これは，わが国の金融界に時系列分析の基本的な考え方があまり浸透していないことを示す例だと思われる．ところが，このランダムウォークモデルには，異時点のデータ間の非線形的関係を探ることができないという弱点がある．

9.2.3 ボラティリティとリスク

株式市場では，ボラティリティはリスクと関連づけられている．株価の変動が大きければ，株価が大幅に値上がりしたり，逆に激しく値下がりしたりすることになる．ボラティリティは株のリスクを測定する1つの尺度になるが，ボラティリティとリスクは同じものではない．第7, 8章で説明した資本資産価格決定モデル（CAPM）と呼ばれる株価変動を説明するモデルでは，株のポートフォリオのリスク度が株価のボラティリティだけではなく，ポートフォリオ内の株どうしの相関関係にも依存すると考える．たとえば，ボラティリティがまったく異なる株が2種あって，相反する方向に動くという意味で，完全な負の相関関係があるとする．この異なる2種類の株で構成されるポートフォリオは，個々の株のボラティリティが高いにもかかわらず，2つの株の変動は相殺されるので，きわめて安全なポートフォリオになる．つまり，どの株が買いで，どの株が売りかという視点ではなく，株式の組合わせで，安定的な資産運用ができるということが重要視される．

9.2.4 ボラティリティの定義

資産価格の動きは純粋なランダムウォークか，あるいはドリフトを伴ったランダムウォークのいずれかに従うものと仮定して，以下説明を続ける．

資産価格の平均値を $\overline{Y}$ と表す．小文字 y_t は平均値からの乖離部分を意味するものとして，次のように定義する．

$$\Delta y_t = \Delta Y_t - \Delta \overline{Y}_{t-1} \tag{9.4}$$

ただし

$$\Delta \overline{Y}_t = \sum \frac{\Delta Y_t}{T}, \qquad T = 標本数 \tag{9.5}$$

平均からの乖離を考えるということは，このモデルでは切片の定数がないことを意味する．よって，資産価格が上方にドリフトしていても，これを無視して考えることができる．

したがって，攪乱項は次のように表現できる．

$$\Delta y_t = \varepsilon_t \tag{9.6}$$

t 期におけるボラティリティの値は Δy_t の 2 乗と定義する．したがって，正負の符号の問題はなく，いつでも正の値となる．株価が平均値からわずかしかずれていないときは，Δy_t^2 は小さな値となる．他方，株価が大きく乱高下するときは，この値が大きくなる．分散は変数のボラティリティを測定する 1 つの尺度であるが，両者は同じではないことに留意する必要がある．資産価格のボラティリティは時間とともに変化しうると考えられるが，分散は t 期における観測値の分散の推計値である．$t+1$ 期のデータを用いて t 期の分散を推計することはできない．なぜなら，分散は 2 つの期で異なりうるからである．

ここで，次のようなまとめをしておこう（Engle, 1982；Engle *et al.*, 1987；Engle and Granger, 1987；Engle ed., 1995；Doornik and Hendry, 2001；Hendry, 2001 を参照）．

・分散の推計には 1 つの観測値しか利用できない．
・データは平均からの乖離部分として表現されているので，平均はゼロになる．
・分散の公式を用いると，Δy_t^2 は分散の推定値になる．

9.3 円・ドル為替レートの動きとボラティリティ

円・ドル為替レートの動きは，日本の輸出産業にとってはきわめて重要な変数である．輸出企業は将来の為替レートを予測しながら生産計画を立てる．為替レートの変動が小さなものであれば，生産計画は容易になる．変動が大きければリスクが高まり，生産計画が立てにくくなる．この変動の不確実性のマイナス面を取り除くために，企業は為替レートを固定することを望む傾向にある．欧州通貨統合（European Monetary Union, EMU）は加盟国間で共通の為替レートを採用する枠組みを提供するものであり，加盟国間の為替レートの変動の不確実性の問題を緩和する機能をもっている（もっとも，EMU は政治上の不確実性とも大いに関わる）．資産価格のボラティリティを計算してみよう．たとえば，円・ドル為替レートの時系列を取り上げる．まず，観測される期間の平均を出し，それからの乖離を算出する．これは新たな時系列変数になる．この新たな変数が自己回帰モデル AR(1) に従うものとし，$Z_t = \Delta y_t^2$ と定義する．この時系列 Z_t は次のようなモデルに従うことになろう．

$$Z_t = \gamma + \phi Z_{t-1} + \varepsilon_t \tag{9.7}$$

ここで，γ, ϕ はパラメータ，ε_t は誤差項である．

9.3.1 ボラティリティ・クラスタリング

t 期のボラティリティは，過去のボラティリティに依存するかたちになっている．$\phi > 0$ のとき，前期 $t-1$ でのボラティリティが大きければ，t 期のボラティリティはもっと大きくなる．逆に，$t-1$ 期の値がゼロに近ければ，t 期の値は小さくなる．このように，ボラティリティが上昇（低下）した後，高いボラティリティの期間がしばらく続く現象をボラティリティ・クラスタリング（volatility clustering）と呼ぶ．もっとも，撹乱項のことも考えねばならないので，これは正確な表現ではない．Granger (1980) はこのようなボラティリティが持続することを勘案して，ボラティリティが過去の誤差の 2 乗の線形関数として表現できることを示したのである．

一般的には，ボラティリティが小さい期間と大きい期間のグループ分けができる．円・ドル為替レートの推移をみると（図 5.1 を参照），1970 年第 1 四半期〜

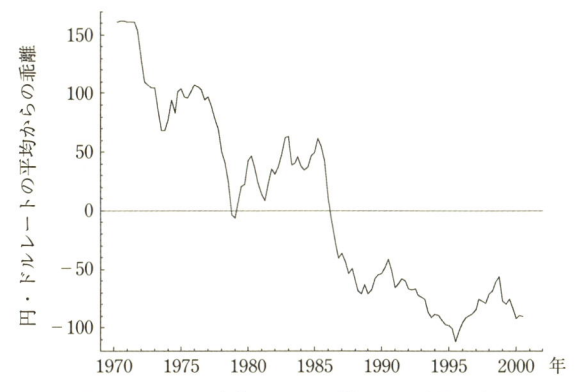

9.3 円・ドル為替レートの動きとボラティリティ

図 9.1 円・ドル為替レートの平均からの乖離の動き

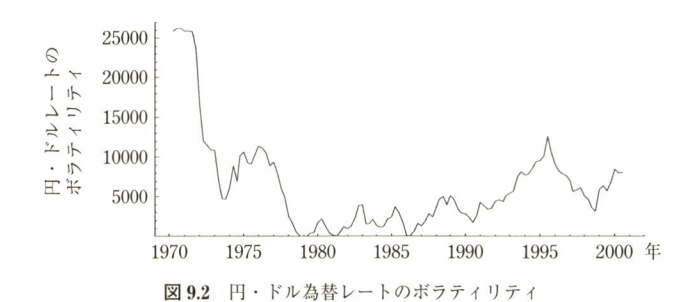

図 9.2 円・ドル為替レートのボラティリティ

2001年第2四半期の期間内で円・ドル為替レートは大きく変化していることがわかる．

図9.1はこの期間の円・ドル為替レートの平均値をとり，そこからの乖離をプロットしたものである．図中，平均は水平な直線として描かれている．平均から正の乖離をする時代と負の乖離をする時代があることが明白に読み取れる．

図9.2は，同期間の円・ドル為替レートについてのボラティリティをプロットしたものである．円・ドルレートのボラティリティが大きく異なることがわかる．スミソニアン協定に至る前（すなわち，変動相場制に移行する前）の1970年代初頭，変動相場制に移行した直後，第一次石油危機（1973年）後の数年，第二次石油危機（1980年）後の数年，ならびにプラザ合意（1985年）の頃は大きな変動がある．そして，1991年以降のバブル崩壊，金融システム危機が懸念された1995年，さらに2000年初頭に大きなボラティリティが観測される．さて，誤

差項（あるいは攪乱項）の分散が時間の推移とともに一定であることを均一分散（homoscedasticity）という．あまり聞きなれない言葉であるが，これに対して誤差項の分散が時間とともに異なった値をとることを不均一分散（heteroscedasticity）と呼ぶ．ARCH モデルは Engle（1982）と Bollerslev（1986）が提案したモデルであり，日本語では自己回帰条件付き不均一分散モデルと呼ばれる．

9.3.2 株価収益率や為替レートのリスクである条件付き分散の予測

前述のように，為替レートや株式の収益率などの金融時系列データは自己相関がほとんど観測されないという意味でランダム変数の性格が強く，したがってこれらの資産価格を予測できないことは先に説明したとおりである．ところが，平均からの乖離を2乗したボラティリティ値には，過去と現在の値の間で有意な相関関係が観測されることが多くある．将来の為替レートや株価収益率（条件付き平均）を予測することはできなくとも，そのリスクである条件付き分散はある程度予測可能であることになる．

このような非線形性に着目してリスクを予測するモデルが Engle と Bollerslev の提唱した ARCH モデルである．OLS モデル，ARMA モデル，共和分モデルなどのさまざまなモデルがファイナンスの計量分析で用いられるが，このような理由から ARCH モデルが注目されているのである．

ノーベル経済学受賞と時系列分析研究

Robert F. Engle ニューヨーク大学教授と C.W.J. Granger カリフォルニア大学サンディエゴ校教授が 2004 年のノーベル経済学賞を受賞した．スウェーデン王立科学アカデミーは両者の受賞理由として，時系列分析手法の確立，経済予測や分析の精度を高めることに貢献した点をあげている．

時系列分野でのノーベル経済学賞受賞理由のエッセンスは，本章および第 10 章で説明する ARCH モデルである．Engle と Granger の名前は時系列の文献ではたびたび登場するし，「Granger の因果性」は時系列研究者には欠かせない概念である．ノーベル賞受賞理由には，共和分分析の精緻化に貢献した点があげられている．また，本章で説明した ARCH モデルは Engle の開発したモデルで，これも受賞につながる重要な業績と考えられている．Engle は「ARCH モデルの着想は，1979 年の冬から春にかけてロンドン・スクール・オブ・エコノミクス（LSE）でサバティ

カルを過ごしたときの，LSE のコモンルームで Hendry, Sargan, Durbin, Gorman といった人々とコーヒーを飲みながら議論をしている過程から生まれた」としている．このうちの一人，Hendry は現在オックスフォード大学の経済学部長をしており，OxMetrics のソフトの開発にも貢献している．Hendry は時系列分析において「一般モデルから特定化モデルを推計するアプローチ（general to specific approach）」を提案した．彼の開発したソフト PcGive や PcGets では，GTS が組み込まれている．OxMetrics のソフトと他の時系列ソフトとでは，方法論的な意味で性格が異なることに注目したい．

10

G@RCHによるARCH型モデルの拡張と応用例

　第9章で説明したARCHモデルは，その後さまざまなかたちで発展している．本章では，ARCH型拡張モデルの研究分野の先端にある主要なものを展望する．ARCHモデルについての文献の多くは理論的な側面のみの説明にとどまっていることを考慮し，ここではわが国での具体的な演習例を示すことで，さまざまなARCH型モデルの違いを理解するのに役立てたい．本章は，ARCH型モデルの実務的な応用に興味のある読者の関心に応えることができるものと期待している．

　本章の大部分は，Laurent and Peters（2006）に負っている．G@RCHはARCH型モデルを効率的に推計，予測するために近年開発された時系列分析専門ソフトOxMetricsの系統に属するソフトである．LaurentらならびにTimberlake社の特別な許可を得て，日本の読者（特に実務に携わる研究者）のARCHモデルの理解を深めるために，そこで用いられている演習結果を使用する．日本の文献でのより理論的な理解を深めるには，渡部（2000）を参照されたい．なお，本章は内容的には大学院，研究者レベルを想定しているため一部の読者には難解な箇所があることをお断りしておく．

10.1　拡張されたARCH型モデルの概観

　本章の説明は内容の性格上，かなり技術的にならざるを得ない．多くの数学的な表現は最小限にして，証明なども省く．実践に応用するうえで，それぞれのモ

デルの特徴が何であるかを理解する必要がある．そこでまず，拡張されたモデルが登場してきた背景を説明しておくことが，読者には役立つものと思われる．すでに第9章ではボラティリティ・クラスタリングを取り上げたが，資産価格の日次，週次データで観測されるクラスタリング現象は，Engle（1982）のARCH(q)モデルで説明できるようになった．

その後，Bollerslev（1986）はボラティリティの過去の予期せぬショックの2乗に加え，過去のボラティリティの値を含めたGARCH（generalized ARCH）モデルを発表した．これはARCHモデルを一般化したという意味でGARCHモデルと呼ばれる．GARCH(1, 1)モデルでは，10.7節に登場するパラメータ $\alpha+\beta$ の値が重要になる．$\alpha+\beta<1$ であると，時間とともにボラティリティ σ^2 がその定常値に近づく．この定常値に近づく速度はパラメータ $\alpha+\beta$ に依存し，それが1に近いほど，ショックが長く持続することになる．$\alpha+\beta$ が1に等しいと，ショックは永遠に消滅しない．

IGARCH（integrated GARCH）は，Engle and Bollerslev（1986）によるモデルである．これは $\alpha+\beta=1$ とし，もう1つのパラメータ $\omega=0$ とするモデルである．これは，GARCH(1, 1)モデルを株式収益率の日次データに当てはめると $\alpha+\beta=1$ に近い値が生まれるため，ω というパラメータを含めたものである．

FIGARCH（fractionally integrated GARCH）モデルでは，ボラティリティ σ^2 を2つの構成に分け，1つは持続性の高い成分，他方は低い成分に分けて考える．Ding, Granger and Engle（1993）がFIGARCHを開発した．

定常過程におけるショックの伝播は指数的な動きを示し，短期記憶（short memory）をとらえる．他方，単位根過程ではショックは無限に続く．Baillie, Bollerslev and Mikkelsen（1996）は，BBMモデルと呼ばれる改良FIGARCHを提唱した．これは，長期記憶（long memory）の1つである分数和分（fractionally integrated）モデルに置き替えたモデルである．

このほかに，ARCH型モデルの拡張にはボラティリティ σ^2 の非対称的な変動を説明するためのものがある．株価収益率の日次データでは，株価が上がった日の翌日よりも，株価が下がった翌日のほうが上昇する傾向がある．この変動の非対称性は以下のGJRモデルとEGARCHモデルが代表的である．

Glosten, Jagannathan and Runkle（1993）のGJRモデルは，ダミー変数を用いてボラティリティ変動の非対称性をとらえる．このほかに非対称をとらえるモデ

ルでは APARCH（非対称パワー ARCH）モデルがある．

Nelson（1975）の EGARCH（exponential GARCH）モデルは，ボラティリティの対数値を説明変数とすると，パラメータに非負の制約を課さなくとも推定できることを示したものである．GARCH や GJR ではボラティリティが負にならないため，パラメータに非負制約を必要とするので，推定がやっかいであった．EGARCH は，過去の収益率の予測誤差 ε_{t-1} をボラティリティの平方根 σ_{t-1} で割って基準化した変数を，説明変数に加えて変動の非対称性をとらえようとするモデルである．EGARCH$(1,1)$ モデルでは，ボラティリティのショックの持続性は β の値だけをみればよい．

10.2　ARCH 型モデルの推計

10.2.1　ナスダック株式指数日次データとボラティリティ・クラスタリング

図 10.1 は，1984 年 10 月 11 日～2000 年 12 月 21 日におけるナスダック株式指数日次データの収益率（日次変化率）を示したものである．この図をみると，ボラティリティの高い期間と低い期間があることがわかる．つまり，収益率に予期せぬ大きな変動があると，しばらく変動の大きな期間が続くボラティリティ・クラスタリングの現象がみられる．これは明瞭に ARCH 効果のある証拠であるといえよう．

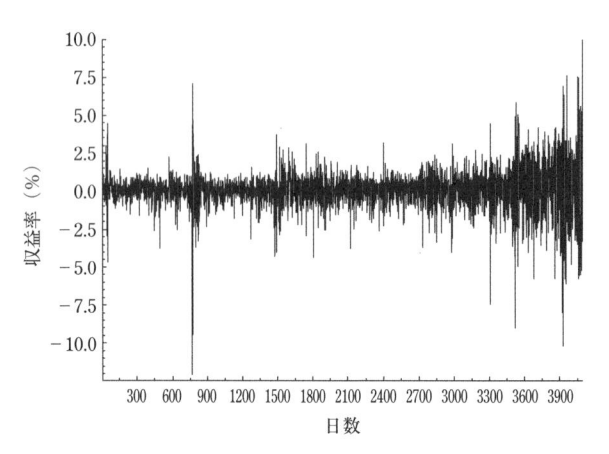

図 10.1　ナスダック株式指数の日次データ収益率

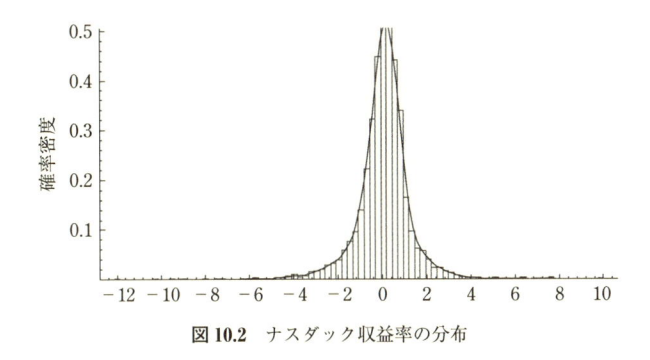

図 10.2 ナスダック収益率の分布

10.2.2 ナスダック株式指数収益率の残差項分布

ナスダックの t 期の指数変化率あるいは収益率 R_t は，$t-1$ 期に予測可能な変動と予測不可能なショックに分割される．すなわち，$R_t = E_{t-1}(R_t) + \varepsilon_t$ である．

ボラティリティの変動モデルは AR(p) で記述されるとすると，

$$\varepsilon_t = \sigma_t z_t, \quad \sigma_t > 0, \quad z_t \sim \text{iid}, \quad E(z_t) = 0, \quad Var(z_t) = 1 \tag{10.1}$$

ここで，$z_t \sim$ iid は z_t が過去と独立かつ同一な（iid）分布に従う．

図 10.2 は，この日次データの収益率の無条件分布を示したものである．正規分布と比較すると，ピークがより高い．G@RCH を用いて尖度を計算すると 9.34 であり，正規分布の尖度 3 を大きく上回ることがわかる．超過尖度はこの場合 0 以上になる．尖度は分布の裾の厚さを測る統計量である．裾の厚い分布は 3 よりも大きくなる．図 10.2 では裾の厚い分布になっている．株価変化率や収益率は，正規分布よりも裾の厚い分布であることが一般的に知られている．

歪度は分布の歪みを表す．左右対称な正規分布の歪度はゼロ，右（左）に偏った分布の場合は正（負）となる．歪度が負であると，価格が下がる（下方リスクが高い）ときには，極端な値がみられる．歪度のパラメータは -0.627 である．負の歪んだ効果（skewed behavior）が観察される．

ここで次の定義に留意しよう．

$$SK = \frac{E\{(y-\mu)^3\}}{\sigma^3} \tag{10.2}$$

$$KU = \frac{E\{(y-\mu)^4\}}{\sigma^4} \tag{10.3}$$

左右対称な正規分布の係数はそれぞれ，歪度：$SK = 0$，尖度：$KU = 3$ である．超

過尖度は-3と定義される.

10.2.3 ナスダック株式指数収益率の残差項の自己相関関数

誤差項が前期の誤差と独立でないときは，自己相関があるといわれる．次数 h の自己相関は次のように計算される.

$$r_h = \frac{Cov(y_t, y_{t-h})}{\sigma_y, \sigma_{y,t-h}}$$

図10.3 は，ナスダック株式指数収益率の残差項の自己相関係数を示すコレログラムである．図から受ける印象では，収益率は若干の自己相関がある．次に,

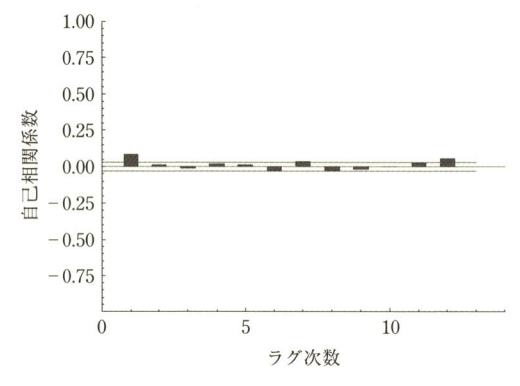

図10.3 ナスダック株式指数収益率の残差項のコレログラム

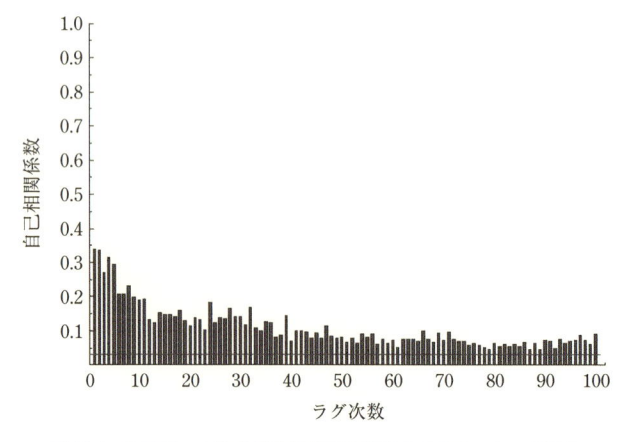

図10.4 ナスダック株式指数収益率の誤差の2乗のコレログラム

この収益率の誤差を2乗したコレログラム（図10.4）と比較してみよう（ラグは100）．収益率の2乗は自己相関が強いことが明白である．これは，ボラティリティ・クラスタリングを示唆するものである．

10.3 ナスダック株式指数収益率の記述統計量

表10.1は，ナスダック株式指数収益率の記述統計量を示している．ARCHML（ARCH maximum likelihood，最尤法）テストならびに収益率を2乗した値のQ統計量をみると，ARCH型の効果があることがわかる．

表10.1 ナスダック収益率の記述統計量（観測数：4093，頻度：1，変数：3）

変数	観測値	最小値	平均	最大値	標準偏差
ナスダック収益率	4093	0	1.5949	145.04	5.769
定数	4093	1	1	1	0
トレンド	4093	1	2047	4093	1181.5

	統計量	t値	p値
歪度	11.568	302.24	0.00000
超過尖度	190.910	2494.70	0.00000
Jarque-Bera検定	6.3071e+006	.NaN	0.00000

ARCH 1-2テスト：$F(2,4086) = 140.02[0.0000]$**
ARCH 1-5テスト：$F(5,4080) = 92.117[0.0000]$**
ARCH 1-10テスト：$F(10,4070) = 49.625[0.0000]$**

Q統計量（原データ）
　$Q(\ 5) = 1988.77[0.0000000]$
　$Q(10) = 2874.40[0.0000000]$
　$Q(20) = 3748.75[0.0000000]$
　$Q(50) = 5491.27[0.0000000]$
帰無仮説：相関なし
　$\Longrightarrow$確率pが高いとき帰無仮説を受け入れる[$Q<\chi^2$（ラグ）のとき]

Q統計量（原データの2乗）
　$Q(\ 5) = 583.580[0.0000000]$
　$Q(10) = 622.637[0.0000000]$
　$Q(20) = 642.777[0.0000000]$
　$Q(50) = 690.156[0.0000000]$
帰無仮説：相関なし
　$\Longrightarrow$確率pが高いとき帰無仮説を受け入れる[$Q<\chi^2$（ラグ）のとき]

インフレ問題と ARCH

　現在，金融関係の専門家は，株価の変動部分，すなわちボラティリティを予測するうえで，ARCH モデルの習熟に関心をもっている．しかし，ARCH モデルを生んだ Engle の最初の論文は，英国のマクロ経済の問題を扱ったものであった．この論文のタイトルは "Autoregressive Conditional Heteroskedasticity with Estimation of the Variance of United Kingdom Inflation" というものである．当時，多くの経済学者が時間とともに変化するインフレ率の変動の理論的解明に関心を寄せており，多くの国で，インフレ率がある一定の水準にとどまる期間と，不安定に動く期間の双方が存在することが観察されていた．インフレ率のボラティリティが，はたして時間とともに変化しうるか否かの問題である．このことは，本書ではボラティリティ・クラスタリングについて説明したものに対応する．合理的期待学派と呼ばれる人々は，「インフレ率の水準が重要なのではなく，その分散こそが重要である」と主張した．仮にインフレ率が高水準で推移していても，その分散が小さいものであれば，経済活動を営む人々には将来のインフレ予測が比較的容易になる．

　他方，分散が大きいときには，インフレ率の予測は困難になる．そこで，インフレの動きの中で予測可能な部分（平均）の動きと予測不可能な部分（残差項）を区別し，この残差項の分散を予測できる ARCH モデルが生み出されたわけである．このモデルによって，金融時系列変数の分散の動きが金融市場の動きに大きな影響を与えることが理解されるようになると，急速に金融専門家の注目を集めるようになる．金融市場のグローバル化とともに，今日の国際的金融に携わる人たちには無視できない理論となったわけである．金融のグローバリゼーションと ARCH モデルのノーベル賞受賞は，密接な関係があると考えられる．

　筆者の個人的感想としては，このほかにオックスフォード大学の Hendry の時系列分析研究促進に果たしたリーダー的役割は，Engle と Granger の 2 人の受賞者に劣らぬ貢献であると考えている．2003 年 4 月から，サバティカルの 1 年間をオックスフォード大学で過ごしていた筆者は，Hendry に「ノーベル経済学賞はあなたたちの仲間から出ますね」と話したことがある．このとき，彼は「ARCH モデルを提唱した Engle に間違いないだろう」と語っていた．2004 年秋，Granger がオックスフォード大学を訪れており，Hendry の主催するこぢんまりとしたセミナーで，手書きの未発表の論文案を OHP を用いて Hendry たちと熱っぽく議論していた．Hendry の鋭いコメントに答える姿勢に，筆者は Granger の地味で誠実な人柄を感じた．筆者が「あなたが受賞できずに残念だった」と Hendry にメールしたところ，「時系列研究が認知されたことを喜んでいる．これから Robert（Engle）がくるのでお祝いの準備をしている」との返事がきた．この経済時系列の研究は個人的な絆

> で結ばれた仲間たちが学問を推進してきたという意味で，時系列研究者グループに対するノーベル賞であるという印象を筆者は強くもっている．

10.4 条件付き平均の特定化

10.4.1 ARMAX(n, s)モデル

y_t は単一時系列変数である．$t-1$期のもとでの情報セットをΩ_{t-1}で表すと，次のような関数を定義することができる．この方程式は，条件付き平均方程式である．いままで，この方程式について数多くの研究がなされており，いろいろなモデル化の試みがある．

$$y_t = E(y_t | \Omega_{t-1}) + \varepsilon_t \qquad (10.4)$$

ここで，$E(*|*)$ は条件付き期待オペレータ，ε_tは攪乱項であり，$E(\varepsilon_t)=0$, $E(\varepsilon_t \varepsilon_s)=0$, $t \neq s$ である．このうち，最も代表的な特定化は自己回帰（AR）モデルと移動平均（MA）モデルであろう．この2つの過程を結びつけてn_1の説明変数を方程式に組み込んだモデルを，ARMAX(n, s)モデルと呼ぶ．

$$\Psi(L)(y_t - \mu_t) = \theta(L)\varepsilon_t \qquad (10.5)$$

$$\mu_t = \mu + \sum_{i=1}^{n1} \delta_i x_{i,t} \qquad (10.6)$$

ここで

$$\Psi(L) = 1 - \sum_{i=1}^{n} \psi_i L^i \qquad (10.7)$$

$$\theta(L) = 1 + \sum_{j=1}^{n} \theta_j L^j \qquad (10.8)$$

10.4.2 ARFIMA(n, ζ, s)モデル

金利のリターン，為替のリターンなどの被説明変数の観測値は，かなり離れた時点間で自己相関関係が強く現れるという研究がいくつかなされている．このような場合は，y_tは「長い記憶を示す」（英語では，long-term dependance）という．このような変数は ARFIMA 過程（AR fractionally integrated MA process）と呼ばれるモデルが最も適しているとされている．このモデルは Granger（1980）ならびに Granger and Joyeux（1980）によって提唱されたものである．ARFIMA$(n, \zeta,$

s) モデルは次式で表される．

$$\Psi(L)(1-L)^{\zeta}(y_t - \mu_t) = \theta(L)\varepsilon_t \tag{10.9}$$

ここで，長い記憶はオペレータ $(1-L)^{\zeta}$ で説明される．上級の読者の参考に，Ox Package で ARFIMA モデルの予測，シミュレーションができることを Doornik and Ooms（1999）が示したことを記しておく．

10.5 条件付き分散モデルの特定化— ARCH-M —

Engle, Lilien and Robbins（1987）が提唱した ARCH-M（ARCH-in Mean）モデルは，条件付き分散を特定化した有名なモデルである．

この ARCH-M モデルは，ボラティリティ・クラスタリングをうまくとらえることのできるモデルであるといわれる．ボラティリティ・クラスタリングは，ボラティリティ自身が自己相関を示す現象であるとも理解できよう．ARCH-M モデルは次のように定式化されている．

$$\mu_t = \mu + \sum_{i=1}^{n1} \delta_i x_{i,t} + v\sigma_t^k \tag{10.10}$$

ここで，$\sigma_t(k=1)$ は条件付き標準偏差，$\sigma_t^2(k=2)$ は条件付き分散を示す．ARCH-M モデルは，期待収益率が期待資産リスクに関連づけられる金融分析にしばしば用いられている．

(10.9)式に現れる ε_t は，プロセスのイノヴェーションである．Engle（1982）は ARCH-M モデルを次のようなものとして定義している．

$$\varepsilon_t = z_i s_t \tag{10.11}$$

ここで，z_i は iid 過程，$E(z_t) = 0$，$Var(z_t) = 1$ である．ε_t は平均（$=0$）とは相関関係がないが，分散とは相関関係がある．したがって，通常の回帰方程式の場合と異なり，分散は時間とともに変化しうる．ARCH-M(q) モデルは，次のように表現される．

$$\varepsilon_t = z_t \sigma_t, \quad z_t \sim \text{iid}, \quad D(0, 1), \quad \sigma_t^2 = \omega_t + \sum_{i=1}^{q} \alpha_i \varepsilon_{t-i}^2 \tag{10.12}$$

ここで，$D(0, 1)$ は平均 0，分散 1 の密度関数である．

上のモデルは誤差の分散がラグ q の誤差の 2 乗に依存しているため，ARCH-M(q) モデルと呼ばれる．この条件付き分散 σ_t^2 の代わりに，h_t が用いられることが

10.5 条件付き分散モデルの特定化—ARCH-M—

多い．つまりこの場合は，モデルは次のように表現される．

$$y_t = \beta_1 + \beta_2 x_{2t} + \beta_3 x_{3t} + \cdots + \beta_q x_{qt} + \varepsilon_t \tag{10.13}$$

$$h_t = \omega + \alpha_1 \varepsilon_{t-1}^2 + \alpha_2 \varepsilon_{t-2}^2 + \cdots + \alpha_q \varepsilon_{t-q}^2 \tag{10.14}$$

この型のARCHモデルは，ボラティリティ・クラスタリングをうまくとらえることができる．ボラティリティは，たとえば比較的わずかな動きを示す期間がある一方で，正負に符号が振れる動きが短期間に観察される現象である．ボラティリティ・クラスタリングは，乱暴な表現をするならば，ボラティリティ自身が自己相関を示す現象であるともいえよう．ε_t の条件付き分散は次のように定義される．

$$\sigma_t^2 = Var(\varepsilon_t | \varepsilon_{t-1}, \varepsilon_{t-2}, \cdots) = E[\{\varepsilon_t - E(\varepsilon_t)\}^2 | \varepsilon_{t-1}, \varepsilon_{t-2}, \cdots] \tag{10.15}$$

ここで，通常 $E(\varepsilon_t) = 0$ であると仮定される．

正規分布するランダム変数 ε_t の平均（=0）の条件付き分散は，ε_t の2乗の条件付き期待値に等しい．ARCHモデルでは，ボラティリティの自己相関は，誤差項の条件付き分散 σ_t^2 が誤差の2乗の直前期の値に依存しているかたちの定式化がなされている．すなわち，

$$\sigma_t^2 = \omega_t + \sum_{i=1}^{q} \alpha_i \varepsilon_{t-i}^2 \tag{10.16}$$

$q=1$ であるときはARCH(1)となる．ARCHモデルでは，条件付き平均はいかなるかたちをとってもよく，研究者の選択に任される．つまり，この部分は被説明変数 y_t が時間とともに変わる部分である．たとえば，

$$y_t = \beta_1 + \beta_2 x_{2t} + \beta_3 x_{3t} + \beta_4 x_{4t} + \varepsilon_t \tag{10.17}$$

$$h_t = \omega + \alpha_1 \varepsilon_{t-1}^2 \tag{10.18}$$

上のモデルは，ラグの数 q の誤差項の2乗が含まれるARCH(q)に拡張することができる．

$\varepsilon_t = z_t \sigma_t$ の条件付き分散は，$t-1$ 期に生じたショックの増加関数である．したがって，ε_{t-1} が絶対値で大きい値であれば，σ_t^2 と ε_t は絶対値で大きな値をとる．ここで留意すべきことは，ARCHモデルの条件付き分散が時変数（TIME = VARYING）であっても，すなわち，

$$\sigma_t^2 = E(\varepsilon_t^2 | \psi_{t-1}) \tag{10.19}$$

であっても，ε_t の無条件分散は一定である．

ただし，$\omega_t > 0$, $\alpha_i < 1$ であるならば，

$$\sigma_t^2 = E(\varepsilon_t^2|\psi_{t-1}) = \frac{\omega_t}{1-\sum_{i=1}^{q}\alpha_i} \tag{10.20}$$

である．z_t が正規分布であるならば，

$$E(z_t^3) = 0, \qquad E(z_t^4) = 0 \tag{10.21}$$

である．この結果，

$$E(\varepsilon_t^3) = 0, \qquad E(\varepsilon_t^4) = 0 \tag{10.22}$$

となる．

ARCH(1) の尖度の係数は

$$\text{もし } \sigma_1 < \sqrt{\frac{1}{3}} \approx 0.577 \text{ であるならば，} 3 \times \frac{1-\alpha_1^2}{1-3\alpha_1^2} \tag{10.23}$$

である．この場合，収益率の無条件分布は $\alpha_1 > 0$ であるかぎり，裾が厚くなる．ARCH(q) モデルは，実際にはあまり用いられていないといわれる．それは，ARCH モデルには以下のような難点があるからである．

(1) モデルの中に含まれる2乗された残差項のラグを決定する際に尤度比率関数を用いて行うことが考えられるが，このラグの数 q を決定する方法が知られていない．

(2) 条件付き分散を説明するために必要となるラグの数 q は，膨大になる可能性がある．これはモデルが節約された（parsimonious）ものではなくなることを意味する．

(3) 非負の制約条件が必ずしも満たされる保証がない．ことに多くのパラメータが含まれれば，それだけ負の値が推定される可能性が高まる．

10.6　ARMA(1, 0)-GARCH(0, 1) の特定化モデルの推計

10.6.1　モデルの推計

表 10.2 はナスダックの日次収益率を被説明変数とし，月曜日のダミーを条件付き平均方程式（M）に，金曜日のダミーを条件付き分散方程式（V）に入れたARMA(1, 0)-GARCH(0, 1) の特定化モデルを推計したものである．ボラティリティが日々変動するのは，市場に伝わる情報量が日々異なるからであると考えられている．休日に株価を動かすような情報があると，休み明けの月曜日にはボラティリティが高まることが考えられる．他方，あまり株価を動かす情報が市場に

10.6 ARMA(1,0)-GARCH(0,1)の特定化モデルの推計

表 10.2 ARMA(1,0)-GARCH(0,1) の特定化モデルの推計結果

〈G@RCH(1)特定化〉

被説明変数：ナスダック日次収益率
平均方程式：ARMA(1,0)モデル
平均方程式内の説明変数　1
分散方程式：GARCH(0,1)モデル

〈最尤推定法（第2次導関数に基づく標準誤差）〉

	係数	標準誤差	t 値	p 値
定数(M)	0.188314	0.016176	11.64	0.0000
ダミー月曜日(M)	-0.143636	0.033629	-4.271	0.0000
AR(1)	-0.021047	0.017378	-1.211	0.2259
定数(V)	0.737026	0.028148	26.18	0.0000
ダミー金曜日(V)	-0.289467	0.040311	-7.181	0.0000
ARCH(Alpha 1)	0.746336	0.046922	15.91	0.0000

M：平均方程式，V：分散方程式，AR(1)：ψ_1，ARCH(Alpha 1)：α_1.
$y_t = $ 定数 $+ \psi_1 y_{t-1} + \phi_2 \times$（ダミー月曜日）$+ \varepsilon_t$（平均方程式），$\alpha_t^2 = $ 定数 $(\omega) + \alpha_1 \varepsilon_{t-1}^2 + \gamma \times$（ダミー金曜日）（分散方程式）．
ϕ_2, γ：ダミー日曜日，ダミー金曜日のパラメータ係数．

観測数	4093	パラメータの数	6
平均	0.05517	分散	1.59189
歪度	-0.74128	尖度	14.25531
対数尤度	-6106.357	Alpha[1] + Beta[1]	0.74614

伝わらない日のボラティリティは低くなると考えられる．月曜日のダミー，金曜日のダミーは，このような仮説を検証するためにモデルに組み込まれたものである．ARCH（Alpha 1）は，平均方程式の誤差項 ε_t が分散方程式で $\alpha_1 \varepsilon_{t-1}^2$ の形で説明変数になっているモデルである．

驚くべきことに，AR(1)はゼロと有意な差がない（AR(1) = -0.021047, t 値 = -1.211, p 値 = 0.2259）．理論的には，この値は負値をとることが期待されていたものである．興味深いことは，収益率とボラティリティは月曜日には高く（ダミー月曜日(M) = -0.143636, t 値 = -4.271, p 値 = 0.0000），金曜日には低い（ダミー金曜日(V) = -0.289467, t 値 = -7.181, p 値 = 0.0000）という結果が平均方程式に出ている点である．さらに，ARCH の係数アルファは有意である（ARCH (Alpha 1) = 0.746336, t 値 = 15.91, p 値 = 0.0000）．対数尤度は -6106.357 である．上のような ARCH モデルが満足なモデルであるかどうかを，次に検証する必要

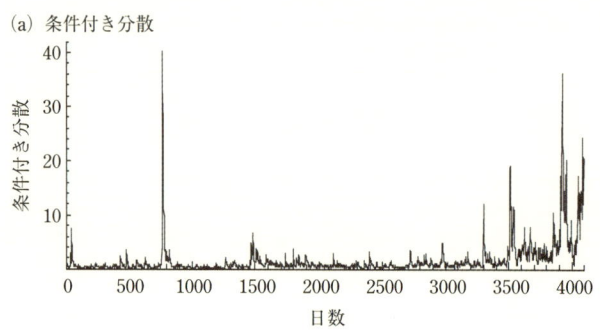

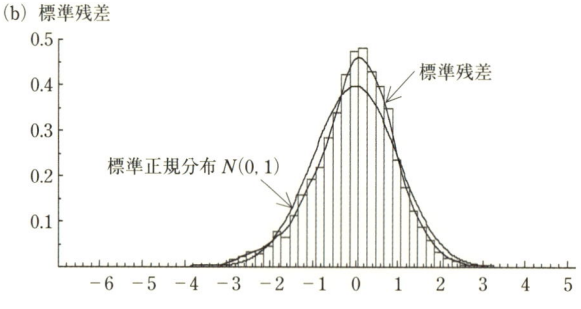

図10.5 グラフによる AR(1)-ARCH(1) モデルの検定

がある.

10.6.2 グラフによる検定

図 10.5 は,条件付き分散 σ_t^2 (a) と標準残差 $\hat{z}_t = \hat{\varepsilon}_t/\hat{\sigma}_t$ (b) をプロットしたものである.これは AR(1)-ARCH(1) モデルである.ボラティリティ・クラスタリングがうまくとらえられていることがわかる.正規分布よりも尖りがあることがグラフからわかる.

10.6.3 モデルのミススペシフィケーションテスト

ミススペシフィケーション(特定化の誤り)テストの結果を表 10.3 に示す.この結果をみると,推定した ARCH モデルはナスダック収益率のダイナミクスの特徴を適切にとらえていないことがわかる.基準化された Q 統計値ならびに基準化された残差平方の Q 統計量,さまざまなラグについての RBD (Residual-Based Diagnostic for Conditional Heteroscedasticity of Tse) テスト(条件付き不

10.6 ARMA(1,0)-GARCH(0,1)の特定化モデルの推計

表10.3 ARMA(1,0)-GARCH(0,1)モデルのミススペシフィケーションテストの結果

〈情報量規準（極小化）〉

Akaike	2.658315	Shibata	2.658311
Schwarz	2.667575	Hannan-Quinn	2.661594

	統計量	t 値	p 値
歪度	−0.66464	17.366	1.5047e−067
超過尖度	2.38540	31.171	2.6583e−213
Jarque-Bera 検定	1271.8	.NaN	6.8981e−277

基準化された Q 統計量
$Q(\ 5) = 142.302[0.0000000]$
$Q(10) = 142.932[0.0000000]$
$Q(20) = 160.452[0.0000000]$
$Q(50) = 201.170[0.0000000]$

帰無仮説：相関なし
⟹ 確率 p が高いとき帰無仮説を受け入れる $[Q < \chi^2(ラグ) のとき]$

基準化された残差平方の Q 統計量
⟶ 自由度 2 で調整された p 値
$Q(\ 5) = 4.47669[0.2143786]$
$Q(10) = 6.90473[0.5469458]$
$Q(20) = 15.9254[0.5977549]$
$Q(50) = 46.7318[0.5248507]$

帰無仮説：相関なし
⟹ 確率 p が高いとき帰無仮説を受け入れる $[Q < \chi^2(ラグ) のとき]$

〈Pearson の調整済 χ^2 適合度検定〉

セルの数 (g)	統計量	p 値 ($g-1$)	p 値 ($g-k-1$)
40	182.3091	0.000000	0.000000
50	205.0332	0.000000	0.000000
60	229.2135	0.000000	0.000000

$k = 6$：推計されるパラメータの数．

〈Tse の RBD テスト〉

$RBD(\ 2) = 1.71569[0.4240749]$
$RBD(\ 5) = 4.35189[0.4999418]$
$RBD(10) = 6.30830[0.7887299]$

$[\cdot]$：p 値．

均一分散の残差項をベースにしたテスト），Peason の調整済 χ^2 適合度検定は，ここでの「モデルの特定化が正しい」という帰無仮説をすべて棄却するものとなっている．しかしながら，この結果はあまり驚くべきものではないといえよう．なぜならば，いままでの ARCH モデルについての蓄積された研究の成果によると，「条件付き分散のダイナミクスの特徴をとらえるためには，ARCH の高次の

表 10.4　ARMA(1,0)-GARCH(0,1) モデルの予測誤差

	平均	分散
平均 2 乗誤差（MSE）	16.83	440.7
中位数 2 乗誤差（MedSE）	11.71	74.01
平均誤差（ME）	-1.777	13.8
絶対平均誤差（MAE）	3.581	14.51
平均 2 乗平方根誤差（RMSE）	4.102	20.99
平均絶対パーセンテージ誤差（MAPE）	.NaN	4.518
調整平均絶対パーセンテージ誤差（AMAPE）	.NaN	0.6792
パーセンテージ・コレクト符号（PCS）	0.3	.NaN
タイル不等係数（TIC）	0.9809	0.8301
対数損失関数（LL）	.NaN	.NaN

モデルが選択されねばならない」という結果がすでに得られているからである．これはすでに説明したとおりである．高次のモデルはしかしながら，数多くのパラメータの推定を要請する．パラメータのベクトル ψ に関して対数尤度関数が極大化されるときに，パラメータの範囲は $(-\infty, \infty)$ となる（ここで用いたソフト G@RCH では，パラメータへの制約を簡単に課して計算することができる）．

10.6.4　モデルの予測

金融資産のモデル化の主たる目的は予測にある．h 期先の最適予測 y_{t+h} を，t 時点での情報をもとに行う．たとえば，AR(1) では次のようになる．

$$y_t = \mu + \psi_1(y_{t-1} - \mu) + \varepsilon_t \qquad (10.24)$$

h 期先の最適予測 y_{t+h} は推計されたパラメータ $\hat{\mu}$ と $\hat{\psi}_1$ を所与として，t 時点での情報に基づいた条件付き期待である．

$$\hat{y}_{t+h|t} = \hat{\mu} + \hat{\psi}_1(\hat{y}_{t+h} - \hat{\mu}) \qquad (10.25)$$

条件付き平均とは独立して，ARCH(q) モデルの条件付き分散の予測も可能である．

$$\hat{\sigma}^2_{t+h|t} = \hat{\omega} + \sum_{i=1}^{q} \hat{\alpha}_i \varepsilon^2_{t\ t+h-i|t} \qquad (10.26)$$

表 10.4 はモデルの予測誤差を G@RCH によって算出したものである．

10.7 GARCH モデル

　ファイナンスで用いられるほとんどのモデルでは，投資家はより高いリスクをとることによって，それに応じた高い収益が得られるという想定をしている．このような想定をモデルに組み込む1つの方法として考えられるのは，危険証券の収益の一部を，そのリスクによって決定するという定式化の作業である．Engle, Lilien and Robbins (1987) の ARCH-M モデルは，資産の収益の条件付き分散が条件付き平均の項に入るように定式化したモデルである．GARCH モデルは現在では ARCH モデルよりも人気が高く，GARCH-M の推定が広く行われている．

　ARCH-M モデルの一例として，次のようなモデルを考えてみよう．

$$y_t = \mu + \delta \sigma_{t-1} + \varepsilon_t \tag{10.27}$$

$$\sigma_t^2 = \omega + \alpha_1 \varepsilon_{t-1}^2 + \beta \sigma_{t-1}^2 \tag{10.28}$$

もし δ が正で統計的に有意であるとすると，条件付き分散の増加によって測られるリスクの増大は平均収益率の増加につながる．したがって，δ はリスクプレミアムとして解釈できる．実際の実証研究の中では，条件付き分散の項 σ_{t-1}^2 はその平方根 σ_{t-1} のかたちで条件付き平均の項に直接含まれている．

　まず結論を先取りすると，ここで推定された GARCH (1, 1) モデルは ARCH (1) と異なり，ナスダック株価指数収益率の条件付きモーメントのダイナミクスをよくとらえている．以下ではこの結論に至る筋道を示そう．

- ARCH モデルの初期の実証研究の結果，条件付き分散の動きをうまくとらえるには ARCH の次数が高次でなければならないことがわかった．しかしこのことは，おびただしい数のパラメータを推計しなければならなくなる．
- GARCH モデルは Bollerslev (1986) ならびに Taylor (1987) によって独立に開発されたものであるが，上記の問題を解決するモデルと考えられている．
- GARCH(p, q) は次のように表現される．

$$\sigma_t^2 = \omega + \sum_{i=1}^{q} \alpha_i \varepsilon_{t-1}^2 + \sum_{j=1}^{p} \beta_j \sigma_{t-1}^2 \tag{10.29}$$

- σ_t^2 は過去の情報に基づいて計算される分散の1期先の推定であるから，条件付き分散である．

　GARCH モデルを用いると，回帰方程式で推計された分散を3つの部分に分け

て解釈することができる．

① ω に依存する長期平均の加重平均部分
② 前期のボラティリティについての情報の部分（$\alpha_1 \varepsilon_{t-1}^2$）
③ 前期のモデルからフィットされた分散部分（$\beta \sigma_{t-1}^2$）

GARCH モデルは実際には，条件付き分散の ARMA モデルである（Brooks, 2002 を参照）．ARCH モデルと同じく，σ_t^2 が正値であるための制約が課されなければならない．$\omega > 0$，$\alpha_i \geq 0$ であれば，この値が正値になることを Bollerslev (1986) が証明した．GARCH モデルが ARCH モデルよりも優れていると考えられるのは，GARCH モデルは ARCH モデルに比して，より節約されたモデルであり，過剰フィット（overfitting）の問題を回避できる点にあるとされる．したがって，GARCH モデルは非負の制約を満足させない可能性が ARCH よりも少ないと考えられる．

条件付き分散は変化しうるが，$(\alpha_1 + \beta) < 1$ であるかぎり無条件分散は定数である．すなわち，

$$Var(\varepsilon_t) = \frac{\omega}{1 - (\alpha_1 + \beta)} \quad (10.30)$$

$(\alpha_1 + \beta) \geq 1$ であるときは，無条件分散は定義できない．この場合，分散は非定常になる．$(\alpha_1 + \beta) = 1$ のときは分散に単位根が存在する．これは IGARCH モデルと呼ばれる．定常な GARCH モデルでは，条件付き分散の予測は分散の長期平

表10.5 GARCH モデルの推計結果
〈最尤推定法（第2次導関数に基づく標準誤差）〉

	係数	標準誤差	t 値	p 値
定数(M)	0.116210	0.014869	7.815	0.0000
ダミー月曜日(M)	-0.174801	0.026984	-6.478	0.0000
AR(1)	0.193905	0.017054	11.37	0.0000
定数(V)	0.009292	0.006761	1.374	0.1694
ダミー金曜日(V)	0.067380	0.029535	2.281	0.0226
ARCH(Alpha 1)	0.164808	0.014228	11.58	0.0000
GARCH(Beta 1)	0.826238	0.013600	60.75	0.0000

観測数	4093	パラメータの数	7
平均	0.05517	分散	1.59189
歪度	-0.74128	尖度	14.25531
対数尤度	-5370.858	Alpha[1]+Beta[1]	0.99085

10.7 GARCH モデル

表 10.6 GARCH モデルのミススペシフィケーションテストの結果

〈情報量規準（極小化）〉

| Akaike | 2.627832 | Shibata | 2.627826 |
| Schwarz | 2.638636 | Hannan-Quinn | 2.631657 |

	統計量	t 値	p 値
歪度	-0.65157	17.024	$5.4349e-065$
超過尖度	2.65130	34.645	$5.2745e-263$
Jarque-Bera 検定	1488.4	.NaN	0.00000

基準化された Q 統計値
⟶ 自由度 1 で調整された p 値
$Q(\ 5) = 4.57820\ [0.3333749]$
$Q(10) = 5.22369\ [0.8143890]$
$Q(20) = 18.7431\ [0.4734248]$
$Q(50) = 58.5113\ [0.1657199]$
帰無仮説：相関なし
⟹ 確率 p が高いとき帰無仮説を受け入れる $[Q<\chi^2(ラグ)\ のとき]$

基準化された残差平方の Q 統計値
⟶ 自由度 2 で調整された p 値
$Q(\ 5) = 3.79989\ [0.2838987]$
$Q(10) = 7.15170\ [0.5203577]$
$Q(20) = 16.8830\ [0.5311632]$
$Q(50) = 46.2948\ [0.5429339]$
帰無仮説：相関なし
⟹ 確率 p が高いとき帰無仮説を受け入れる $[Q<\chi^2(ラグ)\ のとき]$

ARCH 1-2 テスト：	$F(2,4086) =$	$1.4594\ [0.2325]$
ARCH 1-5 テスト：	$F(5,4080) =$	$0.74054\ [0.5930]$
ARCH 1-10 テスト：	$F(10,4070) =$	$0.69528\ [0.7298]$

〈Pearson の調整済 χ^2 適合度検定〉

セルの数 (g)	統計量	p 値 $(g-1)$	p 値 $(g-k-1)$
40	201.6787	0.000000	0.000000
50	221.5492	0.000000	0.000000
60	229.7706	0.000000	0.000000

$k=7$：推計されるパラメータの数．

〈Tse の RBD テスト〉

| RBD$(\ 2) = 2.02370\ [0.3635464]$ |
| RBD$(\ 5) = 3.62445\ [0.6046453]$ |
| RBD$(10) = 6.84825\ [0.7396891]$ |

$[\cdot]$：p 値．

均値に収斂するが，IGARCH 過程ではこのような収束はない．したがって，非定常な分散モデルを拡張するという理論的な動機はあまり強くないとされてい

表10.5の結果をみると，興味深いことに対数尤度は-5370.858である（ARCHモデルでは-6106.357であった）．尤度比率テストはGARCH(1, 1)モデルに対して，ARCHモデルを棄却することになる．平均方程式に現れる条件付き分散の項の係数の符号をみると正値である．しかも統計的に有意である（ARCH(Alpha 1) $=0.164808$, t値$=11.58$, p値$=0.0000$）．このことは，条件付き分散で近似された市場リスク（market wide risk）が高まると高い収益が得られることを示す．

その他のミススペシフィケーションテストの結果は表10.6にまとめてある．推定されたGARCH(1, 1)モデルはARCH(1)モデルと異なり，ナスダック株価指数収益率の条件付きモーメントのダイナミクスの特徴をうまくとらえていると思われる．これはQ統計量（基準化された残差ならびに標準化された残差の2乗），RBDテストが示している．しかしながら，全体的な条件付き分布にミススペシフィケーションがある．これは，Pearsonの調整済χ^2適合度検定が示唆している．株価や為替レートなどは刻々と変化する高頻度データと呼ばれる．高頻度の金融資産における時系列の裾の厚さをモデル化するには，GARCHモデルではStudent-t分布あるいはGED分布を用いたほうがよいとする研究成果があることをここで指摘しておく．さらにナスダック株価指数の収益率は尖っているので，skewed-Student分布を用いたほうがよい結果を生む可能性がある．

10.8 レバレッジ効果と非対称GARCHモデル(1)―EGARCHモデル―

GARCHモデルの制約の中で主たるものは，正のショックと負のショックに対するボラティリティの反応が対称的なことであると指摘されている．GARCHモデルの条件付き分散の式は(10.29)式のとおりである．つまり，ラグ付き残差の大きさ（magnitude）の関数として表現されており，ラグ付き残差の符号は2乗されているために，負値は現れない．金融時系列データに対して負のショックが与えられると，同じ大きさのショックでも正のショックのときに比して，ボラティリティの反応が大きいことが指摘されてきた．リスク資産の収益率のケースを考えてみると，このような非対称性はレバレッジ効果と呼ばれるものに起因するとされている．ある企業の株価が下落すると，その企業の資金借入れ(debt-equity)比が大きくなるために，株主は企業の残差リスク（residual risk）を負担するので，

10.8 レバレッジ効果と非対称 GARCH モデル(1) — EGARCH モデル—

株主の将来のキャッシュフローは相対的によりリスクが増大すると考えがちである．これに対して，非対称性を説明する仮説としては，ボラティリティフィードバック仮説 (volatility feedback hypothesis) がある．いま配当が定数であるとしよう．株価のボラティリティが高まると期待収益率が高まるのであれば，ボラティリティが減少すると株価は下がらねばならない．

株価以外の収益率の非対称性を説明する要因は，レバレッジ効果だけではない．このような非対称性は株価の収益率だけにみられる現象であると断言することはできない．非対称性の GARCH モデルの代表的なものは，10.9 節で説明する GJR モデルと EGARCH モデルである．

Nelson (1991) によって開発された exponential GARCH (EGARCH) モデルは，Bollerslev and Mikkelsen (1996) では次のように表現されている．

$$\log \sigma_t^2 = \omega + [1 - \beta(L)]^{-1}[1 + \alpha(L)]g(z_{t-1}) \tag{10.31}$$

$g(z_t)$ の値はいくつかの要素に依存している．ここで，$g(z_t)$ は

$$g(z_t) = \gamma_1 z_t + \gamma_2 [|z_t| - E|z_t|] \tag{10.32}$$

という2つの部分に分けられる．$\gamma_1 z_t$ は符号 (sign) 効果を，$\gamma_2[|z_t| - E|z_t|]$ は規模 (magnitude) 効果を示す．

この条件付き分散 ARCH モデルは，さまざまなかたちで表現されうる．そのうちの1つは次のようなものである (Brooks, 2002)．

$$ln(\sigma_t^2) = \omega + \beta ln(\sigma_{t-1}^2) + \phi_1 \frac{\varepsilon_{t-1}}{\sqrt{\sigma_{t-1}^2}} + \phi_2 \left[\frac{|\varepsilon_{t-1}|}{\sqrt{\sigma_{t-1}^2}} - \sqrt{\frac{2}{\pi}} \right] \tag{10.33}$$

上のかたちで表現されたモデルでは，$\log \sigma_t^2$ が用いられている．したがって，パラメータが負値でも，σ_t^2 は正である．よって，モデルのパラメータに人工的な非負条件を課さなくてもよいことになる．Nelson (1991) の EGARCH モデルは，ボラティリティの対数値を説明変数とすると，パラメータに非負の制約を課さなくとも推定できることを示したものである．GARCH や GJR ではボラティリティが負にならないため，パラメータに非負制約を必要とするので，推定がやっかいであった．EGARCH は，過去の収益率の予測誤差 ε_{t-1} をボラティリティの平方根 σ_{t-1} で割って基準化した変数を，説明変数に加えて変動の非対称性をとらえようとするモデルである．表 10.7 では EGARCH(Theta 1) = −0.085730 がこれに対応する．

表 10.7 EGARCH モデルの推計結果
〈最尤推定法（第 2 次導関数に基づく標準誤差）〉

	係数	標準誤差	t 値	p 値
定数 (M)	0.133901	0.012036	11.13	0.0000
ダミー月曜日 (M)	-0.166042	0.024942	-6.657	0.0000
AR(1)	0.188276	0.014852	12.68	0.0000
定数 (V)	-0.342968	0.197100	-1.740	0.0819
ダミー金曜日 (V)	-0.203655	0.064017	-3.181	0.0015
ARCH (Alpha 1)	-0.355466	0.095278	-3.731	0.0002
GARCH (Beta 1)	0.987227	0.003759	262.6	0.0000
EGARCH (Theta 1)	-0.085730	0.017577	-4.877	0.0000
EGARCH (Theta 2)	0.305338	0.032785	9.313	0.0000
GED (DF)	1.318137	0.038347	34.37	0.0000

観測数	4093	パラメータの数	10
平均	0.05517	分散	1.59189
歪度	-0.74128	尖度	14.25531
対数尤度	-5233.919		

表 10.7 は，EGARCH モデルの推計結果を示している．表をみると，この値は有意である．値が負であるので，負のショック時期の条件付き分散は同じ大きさの正のショックが与えられたときよりもより高いことがわかる．ボラティリティと収益率の関係が負であるときは，(10.33)式の ϕ_1 は負になる．表 10.7 のケースでは，EGARCH(Theta 1) $= -0.085730$ であるから，したがってこのモデルでは非対称性が説明できることになる．

EGARCH(1, 1)モデルでは，ボラティリティのショックの持続性はベータの値だけをみればよい．Nelson のオリジナルモデルでは，誤差項は GED (generalized error distribution) と呼ばれる密度関数をもつ分布が使われていることに留意されたい．GED はいろいろなタイプの分布に用いることのできる，非常に広いタイプの分布である（渡部，2000 参照）．しかしながら，演算上の問題と直感的な解釈上の問題で，通常は GED ではなく，条件付き正規誤差が用いられることが多い．ここでは専門ソフト OxMetrics の G@RCH を用いた結果を示したが，GED が用いられている．

表 10.7 は，ARMA(1, 0)-EGARCH(1, 1)で GED 分布をしているモデルである．GED 分布の自由度は有意に 2 以下である．これは，標準残差が厚い裾をもって

いることを確認するものである．

10.9 非対称 GARCH モデル (2) — GJR モデル —

Glosten, Jagannathan and Runkle (1993) の開発した GJR モデルは，広範囲に使われているモデルである．これは GARCH モデルの単純な拡張であり，非対称性の可能性を説明する項が追加されている．

$$\sigma_t^2 = \omega + \sum_{i=1}^{q}(\alpha_i \varepsilon_{t-i}^2 + \gamma_i S_{t-i}^{-} \varepsilon_{t-i}^2) + \sum_{j=1}^{p} \beta \sigma_{t-j}^2 \qquad (10.34)$$

ここで，S_t^- はダミー変数である．γ_1 が負値であるときは 1，正値であるときは 0 の値をとる．これは TGARCH (threshold GARCH) と類似していると考えられている．このモデルを用いると，レバレッジ効果がないという帰無仮説を簡単に検証できる点が特徴である．実際，$\gamma_1 = \cdots = \gamma_q = 0$ は，ニュース衝撃（ニュースインパクト）曲線は対称であることを示す．つまり，過去の正のショックは今日のボラティリティに対して過去の負のショックと同じインパクトをもつということである．表 10.8 はその推計結果である．表 10.8 のガンマ (γ_1) の値は正である．つまり，ナスダックに対するレバレッジ効果は γ_1 = GJR(Gamma 1) = 0.107988 である．ガンマの推定値は統計的に有意であるから，このモデルで非対称性がとら

表 10.8 GJR モデルの推計結果

〈最尤推定法（第 2 次導関数に基づく標準誤差）〉

	係数	標準誤差	t 値	p 値
定数 (M)	0.093388	0.015568	5.999	0.0000
ダミー月曜日 (M)	−0.163882	0.026742	−6.128	0.0000
AR(1)	0.203798	0.017352	11.75	0.0000
定数 (V)	0.014065	0.006924	2.031	0.0423
ダミー金曜日 (V)	0.053779	0.028999	1.854	0.0637
ARCH(Alpha 1)	0.105963	0.014126	7.501	0.0000
GARCH(Beta 1)	0.825532	0.014305	57.71	0.0000
GJR(Gamma 1)	0.107988	0.019950	5.413	0.0000

観測数	4093	パラメータの数	8
平均	0.05517	分散	1.59189
歪度	−0.74128	尖度	14.25531
対数尤度	−5354.076		

えられていることがわかる（t値は5.413であるからロバストな値である）．

GARCH型のモデルは，ボラティリティの予測に用いることができる．GARCHは誤差項ε_tの条件付き分散の動きを説明するモデルである．

$$Var(y_t|y_{t-1}, y_{t-2}, \cdots) = Var(\mu_t|\mu_{t-1}, \mu_{t-2}, \cdots) \quad (10.35)$$

yの条件付き分散は，その前期の値がわかれば，μの前期の値を所与とすると，μの条件付き分散と同じである．したがって，σ_t^2をモデル化することにより，y_tのモデルとその分散を与えることになる．被説明変数y_tが資産の収益率の時系列であるとすると，σ_t^2の予測値はy_tの将来の分散の予測値になる．GARCH型のモデルがもっぱらボラティリティの予測に使われるのはこのためである．

たとえば，ボラティリティが価格決定モデルにおける決定要素であるとすると，フィナンシャルオプションの価格決定ではこのモデルはきわめて便利なものとなる（ここでは詳細な説明は省略するが，ファイナンスのオプション理論に登場する，いわゆる「プレイン・バニラ」のコールオプションの価格は，underlying strike priceの現在価値，満期までの期間，リスクフリー金利とボラティリティの関数である）．適切なオプション価格を得るためには，必要とされるボラティリティはオプションの満期までの資産のボラティリティにほかならない．過去の値の平均値をとって将来の予測に用いることは簡単であるが，GARCHモデルによるボラティリティの予測のほうが前者より適切であると考えられる（Brooks, 2002参照）．

10.10 APARCH モデル

このモデルはDing, Granger and Engle（1993）によって導入されたものである．APARCH(p, q)（非対称パワーARCH）モデルは次のように表現される．

$$\sigma_i^2 = \omega + \sum_{i=1}^{q} \alpha_i (|\varepsilon_{t-1}| - \gamma_i \varepsilon_{t-i})^\delta + \sum_{j=1}^{p} \beta_j \sigma_{t-j}^\delta, \quad \delta > 0, \quad -1 < \gamma_i < 1, \quad i = 1, \cdots, q \quad (10.36)$$

APARCHモデルの性質はHe and Teräsviruta（1999a, 1999b）によって次のような整理がなされている．すなわち，APARCHはいくつかの拡張されたARCHモデルを特殊ケースとして含むモデルである．たとえば，

・Engle（1982）のARCHモデルで$\delta = 2$, $\gamma_i = 0 (i = 1, \cdots, p)$, $\beta_j = 0 (j = 1, \cdots, p)$
・Bollerslev（1986）のGARCHモデルで$\delta = 2$, $\gamma_i = 0 (i = 1, \cdots, p)$

10.10 APARCH モデル

- Glosten, Jagannathan, and Runkle（1993）の APARCH モデル（GJR モデル）で $\delta=2$
- Zakoian（1994）の TARCH モデルで $\delta=1$
- Higgins and Bera（1992）の NARCH モデルで $\gamma_i=0\,(i=1,\cdots,p)$, $\beta_j=0\,(j=1,\cdots,p)$
- Geweke（1986），Pentula（1986）の Log-ARCH モデルで $\delta\to\infty$
- Taylor（1986），Schwert（1990）の GARCH モデルで $\delta=1$, $\gamma_i=0\ (i=1,\cdots,p)$

Ding, Granger and Engle（1993）は，もし $\omega>0$, $\sum_{i=1}^{q}\alpha_i(|z|-z)^\delta+\sum_{j=1}^{p}\beta_j<1$ であるならば，APARCH モデルの方程式は次のような定常解があることを証明している．

$$E(\sigma_t^\delta)=\frac{\alpha_0}{1-\sum_{i=1}^{q}\alpha_i(|z|-z)^\delta+\sum_{j=1}^{p}\beta_j} \tag{10.37}$$

表 10.9 では，APARCH モデルの推計結果が示されている．ここでは，レバレッジ効果が存在することが確認できる．重要なことは，δ が 2 とは有意に異なるという点である（APARCH（Delta）= 1.146366，標準誤差 = 0.12920，t 値 = 8.873，p 値 = 0.0000）．これは，条件付き分散モデル（GARCH）よりもこのケースでは条件付き標準偏差モデルのほうが適切であることを示す．ここでの結果は Taylor

表 10.9 APARCH モデルの推計結果
〈最尤推定法（第 2 次導関数に基づく標準誤差）〉

	係数	標準誤差	t 値	p 値
定数（M）	0.088279	0.016952	5.208	0.0000
ダミー月曜日（M）	− 0.167957	0.026666	− 6.299	0.0000
AR（1）	0.194576	0.017222	11.30	0.0000
定数（V）	0.020683	0.006744	3.067	0.0022
ダミー金曜日（V）	0.028304	0.026219	1.080	0.2804
ARCH（Alpha 1）	0.154370	0.012298	12.55	0.0000
GARCH（Beta 1）	0.855355	0.012273	69.70	0.0000
APARCH（Gamma 1）	0.288072	0.046534	6.191	0.0000
APARCH（Delta）	1.146366	0.129200	8.873	0.0000

観測数	4093	パラメータの数	9
平均	0.05517	分散	1.59189
歪度	− 0.74128	尖度	14.25531
対数尤度	− 5341.369		

(1987), Schwert (1990), Ding, Grager and Engle (1993) などの結果と整合している. つまり, 頻度の高い金融資産の収益率については, 収益率の平方どうしよりも, 絶対値どうしのほうが相関関係が強く現れるという主張を支持することになる.

10.11 IGARCH モデル

頻度の高い時系列データの多くが, GARCH(p, q)プロセスを用いて条件付き分散を推定すると, ショックの効果が強く持続する性質 (strong persistence) を示すことが知られている. すなわち,

$$\sum_{j=1}^{p}\beta_j + \sum_{i=1}^{q}\alpha_i \approx 1 \tag{10.38}$$

もし, $\sum_{j=1}^{p}\beta_j + \sum_{i=1}^{q}\alpha_i < 1$ であるならば, (ε_t)プロセスは二次の定常過程となる. そして, 条件付き分散 σ_t^2 は, σ_{t+h}^2 に対してhが増大し漸近的に無視できるときに, 減衰 (decaying) インパクトをもつ. GARCH(p, q) の ARCH(∞)表現は, 次のように書くことができる.

$$\sigma_t^2 = \omega^* + \lambda(L)\varepsilon_t^2 \tag{10.39}$$

ここで,

$$\omega^* = \omega[1-\beta(L)]^{-1}, \quad \lambda(L) = \alpha(L)[1-\beta(L)]^{-1} = \sum_{i=1}^{\infty}\lambda_i L^i,$$
$$\lambda_i = \text{ラグ係数} \ (\alpha_i \text{と} \beta_i \text{に依存}) \tag{10.40}$$

GARCH$(1, 1)$モデルでは, $L = \alpha_1\beta_1^{i-1}$である. このモデルは, $\alpha_1 + \beta_1 < 1$ のときは二次の定常過程となる. つまり無条件分散が存在し, これが $\omega/(1-\alpha_1-\beta_1)$ となる.

条件付き分散の大きさは次式で測られる (Davidson, 2004 参照).

$$S = \sum_{i=1}^{\infty}\lambda_i = \frac{\alpha_1}{1-\beta_1} \tag{10.41}$$

10.12 RiskMetrics™

1994 年, J. P. Morgan 社は社内のマーケットリスクマネジメントの方法に関するテクニカルマニュアルを公表した. この方法論は, RiskMetrics™ としてその

10.12 RiskMetrics™

表 10.10 J.P.Morgan 社の RiskMetrics™ モデルの推計結果
〈最尤推定法（第 2 次導関数に基づく標準誤差）〉

	係数	標準誤差	t 値	p 値
定数 (M)	0.109101	0.015399	7.085	0.0000
ダミー月曜日 (M)	-0.184159	0.028009	-6.575	0.0000
AR(1)	0.190372	0.016256	11.71	0.0000
ダミー金曜日 (V)	0.022624	0.003040	7.443	0.0000
ARCH(Alpha 1)	0.060000			
GARCH(Beta 1)	0.940000			

観測数	4093	パラメータの数	4
平均	0.05517	分散	1.59189
歪度	-0.74128	尖度	14.25531
対数尤度	-5435.433		

〈情報量規準（極小化）〉

Akaike	2.657920	Shibata	2.657918
Schwarz	2.664093	Hannan-Quinn	2.660106

	統計量	t 値	p 値
歪度	-0.84776	22.150	$1.0406e-108$
超過尖度	4.5300	59.194	0.00000
Jarque-Bera 検定	3989.9	.NaN	0.00000

基準化された残差平方の Q 統計量
⟶自由度 2 で調整された p 値
$Q(\ 5) = 82.0593\,[0.0000000]$
$Q(10) = 84.1246\,[0.0000000]$
$Q(20) = 93.3285\,[0.0000000]$
$Q(50) = 119.353\,[0.0000001]$
帰無仮説：相関なし
⟹確率 p が高いとき帰無仮説を受け入れる $[Q<\chi^2$（ラグ）のとき$]$

〈Tse の RBD テスト〉
$\text{RBD}(\ 2) = 54.0450\,[0.0000000]$
$\text{RBD}(\ 5) = 54.6773\,[0.0000000]$
$\text{RBD}(10) = 59.6488\,[0.0000000]$
$[\cdot]:p$ 値.

後まもなく業界の市場リスク測定の標準になる．この RiskMetrics™ は，上で説明した IGARCH(1, 1) モデルである．ここでは，ARCH と GARCH の係数が固定されている．このモデルは次のように表現される．

$$\sigma_t^2 = \omega + (1-\lambda)\varepsilon_{t-1}^2 + \lambda\sigma_{t-1}^2 \tag{10.42}$$

ここで，$\omega=0$, $\lambda=0.94$（日次データ），$\lambda=0.97$（週次データ）と設定されている．

上の式はRiskMetrics™の最も簡単な基本モデルであり,このほかに数多くの拡張モデルが存在する（RiskMetrics™研究グループのウェブサイト参照）. AR(1)の項と2つのダミー変数を含むRiskMetricsモデルの推計結果を表10.10に示す.標準化された残差平方（squared standardized residuals）とRBDテストをみると,RiskMetrics™の特定化はここでは適切でないことが明白にわかる.

10.13　FIGARCHモデル

ボラティリティは,時間とともにきわめて緩慢に変化する傾向がある. Ding, Granger and Engle (1993) は,ショックの効果は相当な時間をかけて減衰しうることを示した. これは,時系列データが$I(0)$過程であるか$I(1)$過程であるかの区別の判断にはかなり厳しい制約があることを意味する. $I(0)$過程のショックの伝播（propagation）は指数的に減衰する（つまり短期の記憶のみをとらえるだけである）が, $I(1)$過程では,ショックは永遠に続くことになる. 条件付き平均でARFIMAモデルが提案されたのは,短期の記憶と長期的に持続する（complete persistence）記憶の間のギャップを埋めるためである. つまりARMAのパラメータで時系列の短期の動きをとらえ,長期のモデルはfractional differencingパラメータでその動きをとらえることになる.

Baillie, Bollerslev and Mikkelson (1996) はFIGARCH（fractionally integrated GARCH）モデル（BBMモデルともいう）を開発した. これは次のように表現される.

$$\sigma_t^2 = \omega[1-\beta(L)]^{-1} + \{1-[1-\beta(L)]^{-1}\phi(L)(1-L)\}\varepsilon_t^2 \tag{10.43}$$

ここで,

$$\omega^* = \omega[1-\beta(L)]^{-1}, \quad \lambda(L) = \{1-[1-\beta(L)]^{-1}\phi(L)(1-L)\}\varepsilon_t^2 \tag{10.44}$$

あるいは次のように書ける.

$$\sigma_t^2 = \omega^* + \sum_{i=1}^{\infty}\lambda_i L^i \varepsilon_t^2 = \omega^* + \lambda(L)\varepsilon_t^2, \quad 0 \le d \le 1 \tag{10.45}$$

ここで,

$$\omega > 0, \quad \beta_1 - d \le \frac{2-d}{3}, \quad d\left(\phi_1 - \frac{1-d}{2}\right) \le \beta_1(\phi_1 - \beta_1 + d) \tag{10.46}$$

を満足するときに, FIGARCH$(1, d, 1)$の条件付き分散はほとんどのtについて

10.13 FIGARCH モデル

表 10.11 FIGARCH$(1, d, 0)$モデルの推計結果
〈最尤推定法（第2次導関数に基づく標準誤差）〉

	係数	標準誤差	t値	p値
定数(M)	0.119253	0.014926	7.989	0.0000
ダミー月曜日(M)	-0.174214	0.026919	-6.472	0.0000
AR(1)	0.195242	0.017253	11.32	0.0000
定数(V)	0.023438	0.009346	2.508	0.0122
ダミー金曜日(V)	0.074531	0.029978	2.486	0.0130
d-Figarch	0.581512	0.062043	9.373	0.0000
ARCH(Phi 1)	0.144459	0.049372	2.926	0.0035
GARCH(Beta 1)	0.536264	0.071346	7.516	0.0000

観測数	4093	パラメータの数	8
平均	0.05517	分散	1.59189
歪度	-0.74128	尖度	14.25531
対数尤度	-5359.179		

正値をとることが保証される．$\phi_1 = 0$とすると，FIGARCH$(1, d, 0)$の条件となる．

FIGARCH$(1, d, 0)$モデルを推計した結果を表10.11にまとめてある．dは0ならびに1から有意に異なる結果が出ている．他方，ϕ_1は有意でない．対数尤度は-5359.179（GARCHモデルでの対数尤度は-5370.858）である．重要なことは，単純なGARCH$(1, 1)$モデルの対数尤度と比較すると，条件付き分散で長期記憶過程を用いるほうが意味があるという点である．

本章はさまざまなARCH型モデルについて説明したが，内容が高度であり，意をつくしたものとなっていないかもしれない．一層の理解を深めたい読者は渡部（2000），田中（2006）を参照されたい．わが国の文献ではARCH型モデルの具体的演習例を示したものが少ないので，実務的な応用に関心のある読者のお役に立つのではないかと期待している．さらに実践的な力をつけることを望まれる読者は，操作が簡単なG@RCHを試みられることをお勧めしたい．

参 考 文 献

Baillie, R. T., Bollerslev, T. and Mikkelsen, H.O. (1996) "Fractionally Integrated Generalized Autoregressive Conditional Heteroskedasticity", *Journal of Econometrics*, **74**, 3-30.
Ball, R. and Kothari, S. P. (1989) "Nonstationary Expected Returns : Implications to Tests of Market Efficiency and Serial Correlation in Returns", *Journal of Financial Econometrics*, **25**, 51-74.
Black, F., Jensen, M. C. and Scholes, M. (1972) "The Capital Asset Pricing Model : Some Empirical Tests", In Jensen, M. C. ed., *Studies in the Theory of Capital Markets*, Prager.
Bollerslev, T. (1986) "Generalized Autoregressive Conditional Heteroskedasticity", *Journal of Econometrics*, **31**, 303-327.
Bollerslev, T., Chou, R. Y. and Kroner, K. F. (1992) "ARCH Modeling in Finance : A Review of the Theory and Empirical Evidence", *Journal of Econometrics*, **52**, 5-59.
Bollerslev, T. and Mikkelsen, H. O. (1996) "Modeling and Pricing Long Memory in Stock Market Volatility", *Journal of Econometrics*, **73**, 151-184.
Box, G. E. P. and Jenkins, G. M. (1976) *Times Series Analysis : Forecasting and Control*, 2nd ed., Holden-Day.
Brooks, C. (2002) *Introductory Econometrics for Finance*, Cambridge University Press.
Clare, A. D. and Thomas, S. H. (1995) "The Overreaction Hypothesis and the UK Stock Market", *Journal of Business Finance and Accounting*, **23**(7), 961-973.
Clare, A. D., Maras, M. and Thomas, S. H. (1995) "The Integration and Efficiency of International Bond Markets", *Journal of Business Finance and Accounting*, **22**(2), 313-322.
Cuthbertson, K. (1996) *Quantitative Financial Economics — Stocks, Bonds and Foreign Exchange*, John Wiley & Sons.
Davidson, J. (2004) "Moment and Memory Properties of Linear Conditional Heteroscedasticity Models, and a New Model", *Journal of Business and Economic Statistics*, **22**, 16-29.
DeBondt, W. F. and Thaler, R. H. (1987) "Does the Stock Market Overreact ?", *Journal of Finance*, **40**, 567-580.
DeBondt, W. F. and Thaler, R. H. (1987) "Further Evidence on Investor Overreaction and Stock Market Seasonality", *Journal of Finance*, **42**, 567-580.
Dickey, D. A. (1976) *Estimation and Hypothesis Testing in Nonstationary Time Series*, Ph. D. dissertation, Iowa State University.
Dickey, D. A. and Fuller, W. A. (1979) "Distribution of Estimations for Time Series Regressions with a Unit Root", *Journal of the American Statistical Association*, **74**, 427-431.
Ding, Z., Granger, C. W. J. and Engle, R. F. (1993) "A Long Memory Property of Stock Market Returns and a New Model", *Journal of Empirical Finance*, **1**, 83-106.
Doornik, J. A. and Hendry, D. F. (2001) *Modelling Dynamic Systems Using PcGive*, Vol.1, Vol.2, Timberlake Consultants.
Doornik, J. A. and Ooms, M. (1999) "A Package for Estimating, Forecasting and Simulating Arfima

Models：Arfima Package 1.0 for Ox", Discussion paper, Economic Institute, Erasmus University.
Engle, R. F. (1982) "Autoregressive Conditional Heteroskedasticity with Estimation of the Variance of United Kingdom Inflation", *Econometrica*, **50**(4), 987-1006.
Engle, R. F. ed. (1995) *ARCH — Selected Readings — Advanced Texts in Econometrics*, Oxford University Press.
Engle, R. F. and Bollerslev, T. (1986) "Modeling the Persistence of Conditional Variances", *Econometric Review*, **5**(1), 1-50.
Engle, R. F., and Granger, C. W. J. (1987) "Co-Integration and Error Correction：Representation, Estimation, and Testing", *Econometrica*, **55**, 25, 275-298.
Engle, R. F., Lilien, D. M. and Robbins, R. P. (1987) "Estimating Time Varying Risk Premia in the Term Structure：The ARCH-M Model", *Econometrica*, **55**(2), 391-407.
Fama, E. F. and French, K. R. (1992) "The Cross-Section of Expected Stock Returns", *Journal of Finance*, **47**, 427-465.
Fama, E. F. and MacBeth, J.D. (1974) Tests of the Multiperiod Two-Parameter Model, *Journal of Financial Economics*, **1**(1), 43-66.
Geweke, J. (1986) "Modeling the Persistence of Conditional Variances：A Command", *Econometric Review*, **5**, 57-61.
Glosten, L. R., Jagannathan, R. and Runkle, D. E. (1993) "On the Relation Between the Expected Value and the Volatility of the Nominal Excess Return on Stocks", *Journal of Finance*, **48**(5), 1779-1801.
Gouriéroux, C. (1997) *ARCH Models and Financial Appliations*, Springer.
Granger, C. W. J. (1980) "Long Memory Relationships and Aggregation of Dynamic Models", *Journal of Econometrics*, **14**, 227-238.
Granger, C. W. J. and Joyeux, R. (1980) "An Introduction to Long-Memory Time Series Models and Fractional Differencing", *Journal of Time Series Analysis*, **1**, 15-29.
Harris, R. (1995) *Using Cointegration Analysis in Econometric Modelling*, Prentice-Hall.
Harris, R. and Sollis, R. (2003) *Applied Time Series Modelling and Forecasting*, John Wiley & Sons.
He, C. and Teräsvirta, T. (1999a) "Higher-order Dependence in the General Power ARCH Process and a Special case", Stockholm School of Economics, Working Paper Series in Economics and Finance, No.315.
He, C. and Teräsvirta, T. (1999b) "Statistical Properties of the Asymmetric Power ARCH Process", in Cointegration, causality, and forecasting. Festschrift in honour of Clive W. J. Granger, ed. by R. Engle, H. White, pp. 462-474, Oxford University Press.
Hendry, D.F. (2001) *Dynamic Econometrics-Advanced Texts in Econometrics*, Oxford University Press.
Hendry, D. F. and Doornik, J. A. (2001a) *Empirical Econometrics Modelling Using PcGive*, Vol.1, Timberlake Consultants.（市川博也訳・解説 (2006) PcGiveによる時系列分析入門，日本評論社.）
Hendry, D. F. and Doornik, J. A. (2001b) *Empirical Econometrics Modelling Using PcGive*, Vol.2, Timberlake Consultants.
Higgins, M. L. and Bera, A. K. (1992) "A Class of Nonlinear ARCH Models", *International*

Economic Review, **33**, 137-158.

Jensen, M. C. (1968) "The performance of Mutual Funds in the Period 1945-1964", *Journal of Finance*, **23**, 389-416.

Kalman, R. H. (1960) A New Approach to Linear Filtering and Prediction Problems, *J. Basic Engineering, Transactions ASME* Series D, **82**, 35-45.

Koop, G. (2000) *Analysis of Economic Data*, John Wiley & Sons.

Laurent, S. and Peters, J. P. (2006) *Estimating and Forecasting ARCH Models Using G@RCH^{TM}, OxMetricsth4*, Timberlake Consultants.

Markowitz, A. (1952) "Portfolio Selection", *Journal of Finance*, **7**(1), 77-91.

Merton, R. C. (1972) "An Analytic Derivation of the Efficient Portfolio Frontier", *Journal of Financial and Quantitative Analysis*, Sep. 1851-1872.

Milgrom, P. and Roberts, J. (1992) *Economics, Organization and Management*, Prentice-Hall College Div.

Nelson, C. R. (1975) "Conditional Heteroskedasticity in Asset Returns: A New Approach", *Econometrica*, **59**, 349-370.

Pentula, S. G. (1986) "Modeling The Persistence of Conditional Variances: A comment", *Econometric Reviews*, **5**, 71-74.

Perron, P. (1988) "Trends and Random Walks in Macroeconomic Time Series: Further Evidence from a New Approach", *Journal of Economic Dynamics and Control*, **12**, 297-332.

Phillips, P. C. B. and Perron, P. (1988) "Testing for a Unit Root in Time Series Regression", *Biometrika*, **75**(2), 335-346.

Roll, R (1977) "A Critique of the Asset Pricing Theory's Tests", *Journal of Financial Economics*, May, 129-176.

Romer, D. (2001) *Advanced Macroeconomics*, 2nd ed., McGrow-Hill.

Sargan, J. D. (1980) "The Consumer Price Equation in the Post-War British Economy: An Exercise in Equation Specification Testing" *Review of Economic Studies*, **47**, 113-135.

Sargan, J. D. and Bhargava, A. (1983) "Testing Residuals from Least Squares Regression for Being Generated by the Gaussian Random Walk", *Econometrica*, **51**, 153-174.

Sarars, Lucio and Taylor, M. P. foreword by Frankel, J. A. (2002) *The Economics of Exchange Rates*, Cambridge Unversity Press.

Schwert, W. (1990) "Stock Volatility and the Crash of '87", *Review of Finauciel Studis*, **3**, 77-102.

Sharpe, Y. and Cooper, M. M. (1972) "Risk — Return Classes of New York Stock Exchange Stocks", *Finacial Analysist Journal*, **28**, March-April.

Taylor, M. P. (1986) *Modeling Financial Time Series*, J. Wiley & Sons.

Tobin, J. (1958) "Liquidity Preference as Behavior Towards Risk", *Reviws of Economic Studies*, **56**, 65-86.

Vandaele, W. (1983) *Applied Time Series and Box-Jenkins Models*, Academic Press. (蓑谷千凰彦, 広松 毅 (1988) 時系列入門, 多賀出版.)

Zakoian, J. M. (1994) "Threshold Heteroskedasticity Models", *Journal of Economic Dynamics and Control*, **15**, 931-955.

赤池弘次, 北川源四郎編 (1995) 時系列解析の実際 II (統計科学選書 4), 朝倉書店.

神楽岡優昌, 鈴木重信 (2006) 確率金利モデル—理論と Excel による実践, ピアソン・エデュ

参 考 文 献

　　ケーション.
刈屋武昭（1990）ポートフォリオ計量分析の基礎，東洋経済新報社.
刈屋武昭（1997）金融工学の基礎，東洋経済新報社.
木島正明（1999）期間構造モデルと金利デリバティブ（シリーズ〈現代金融工学〉3），朝倉書店.
小暮厚之（1996）ファイナンスへの計量分析（ファイナンス講座1），朝倉書店.
小暮厚之，照井伸彦（2001）計量ファイナンス分析の基礎（ファイナンス・ライブラリー 4），
　　朝倉書店.
後藤公彦（1997）デリバティブ時価会計入門─投資決定とリスク管理，日科技連出版社.
竹原　均（1997）ポートフォリオの最適化（ファイナンス講座5），朝倉書店.
辰巳憲一（2002）アナリストのための証券分析とポートフォリオ・マネジメント，有斐閣.
辰巳憲一（2005）ストラクチャード・ポートフォリオ・マネジメント入門，有斐閣.
田中勝人（1998）基礎コース統計学，新世社.
田中勝人（2006）現代時系列分析，岩波書店.
野口悠紀雄，藤井眞理子（2000）金融工学，ダイヤモンド社.
畠中道雄（1990）計量経済学の方法（改訂版），創文社.
広松　毅，浪花貞夫（1992）経済時系列分析の基礎と実際，多賀出版.
三井秀俊（2004）オプション価格の計量分析，税務経理協会.
蓑谷千凰彦（1997）計量経済学 第3版，東洋経済新報社.
森平爽一郎，小島　裕（1997）コンピュテーショナル・ファイナンス（ファイナンス講座4），
　　朝倉書店.
森平爽一郎編（2000）ファイナンシャル・リスクマネージメント（ファイナンス講座8），朝倉
　　書店.
森平爽一郎監修（2003）金融リスクの理論─経済物理からのアプローチ─（ファイナンス・ラ
　　イブラリー 6），朝倉書店.
森棟公夫（1999）計量経済学，東洋経済新報社.
山澤成康（2004）実戦計量経済学入門，日本評論社.
山下智志（2000）市場リスクの計量化とVaR（シリーズ〈現代金融工学〉7），朝倉書店.
山本　拓（1995）計量経済学，新世社.
山本幹男（1990）「CAPMの問題と今後の課題」，証券調査，2月.
渡部敏明（2000）ボラティリティ変動モデル（シリーズ〈現代金融工学〉4），朝倉書店.

用 語 解 説

DW 比

誤差項に系列相関があると最小二乗推定量は最適性を失い,通常の検定法が使えなくなることが知られている.系列相関に起因する問題を回避するために,古典的計量経済学では誤差項に相関があるかどうかを検定する方法として DW (Durbin-Watson) 比が用いられている.

Hansen の GLS 推定量,GMM 推定量

GLS (generalized least squares,一般化最小二乗法) は,誤差の分散が推計期間を通じて一定でない場合に使う手法である.ここでの「一般化」とは,通常の OLS で仮定している「誤差の分散は一定」という前提を緩めることを意味する.

GMM (generalized method of moments,一般化積率法) はオプション価格の予測などに用いられる.資産収益率のボラティリティは確率的に変動していることが知られているが,確率的変動モデルではボラティリティを観測されない変数として扱う非線形モデルになっている.このようなモデルを GMM を用いて推定する.

Jarque-Bera 検定法

Jarque-Bera 検定法は,推計回帰式のショックである残差項が正規性を維持しているか否かを検定する方法である.

Monte Carlo 法

Monte Carlo 法は,六面体のサイコロを何回も振ってサイコロの目が出る割合を実験する方法である.ただし,サイコロを振る回数を十分に多くする必要がある.コンピュータを使った Monte Carlo 法は,問題に沿った同時分布に従う多変量乱数列の生成を行い,その乱数表を用いて計算を行う.

ラグオペレータ

ラグオペレータあるいはラグ演算子 L は,時系列過程を簡単に表現するために用いられる.たとえば Ly_t と表現すると,これは y_{t-1} を意味する.このように,ラグオペレータを定義することにより $L^2 y_t = Ly_{t-1} = y_{t-2}$ と表すことができ,演算子 L をふつうの変数のように扱うことができる.

記述統計量

平均，標準偏差，相関係数など標本の分布の特徴を表す基本的な値を記述統計量と呼ぶ．

クロスセクションデータ

時系列データに対してクロスセクションデータがある．ベータと収益率の間になんらかの関係があるかどうかを調べるために，ある1時点での異なるポートフォリオのベータと収益率についてとられたデータをクロスセクションデータという．異なるポートフォリオを横断的にみたデータといえる．

システマティックリスクとアンシステマティックリスク

さまざまな危険資産に分散投資をすることによってポートフォリオ全体の収益率を安定させ，リスクを軽減することができる．分散投資によって消去可能なリスクをアンシステマティックリスクと呼ぶ．相場が強気のときはどの株式も大なり小なり上昇し，弱気相場のときはどの株式も下落する傾向がある．このように分散投資によって消去できないリスクのことをシステマティックリスクと呼ぶ．

不偏推定値

単回帰方程式 $y_i = \alpha + \beta x_i + \varepsilon_t$ を推計するときに，誤差項は互いに独立で $E(\varepsilon_t) = 0$，$Var(\varepsilon_t) = \sigma^2$ とすると，誤差項の分布が標準正規分布であれば推定量の期待値は未知母数に等しくなり，$E(\hat{\beta}) = \beta$ となる．推定量の分布の平均が推定の対象である母数に等しいとき，推定量は不偏であるという．

索　引

ア　行

アンシステマティックリスク　119
安全資産　105

1変量時系列法　14
移動平均　49, 54, 71
インフレターゲット　73

「失われた10年」　2

欧州通貨統合　130

カ　行

回帰式の残差項　25
階差　14
階差定常　38
確率過程　8, 126
確率的構造　7
確率的非定常過程　51
過剰反応仮説　113
貨幣需要関数　36
カルマンフィルタ　89
ガンマ値　155

機会曲線　98, 104
危険資産　91
記述統計量　62
季節的な要因　5
期待収益率　94
期待超過収益率　121
帰無仮説　12
共分散　15

共和分　8, 9, 25
共和分分析　73, 132
均一分散　132

クロスセクションデータ　2

景気維持効果　46
系列相関　16
決定的確率過程　38
決定的トレンド　38
決定的非定常モデル　53

効用関数　106
効率的ポートフォリオ　104
合理的な期待　121
誤差項　9, 52
コレログラム　16, 64

サ　行

最小二乗法　9, 24
最小分散ポートフォリオ　104
財政支出　45
財政支出乗数　38
財政の硬直化, 肥大化　46
最大次数　12
裁定価格理論　118
裁定の機会　20
先物（売り）ヘッジ　110
差分　14
残差平方和　32

時系列変数　2
自己回帰移動平均　125
自己回帰過程　30, 54
自己回帰条件付き不均一分散　125, 132
自己回帰分布ラグモデル　41
自己回帰モデル　16
自己共分散　50, 72
自己相関（過程）　25, 59
自己相関関（係）数　4, 15, 64
資産価格　19, 127
資産の組合わせ比率　96
市場リスク　119
システマティックリスク　119
システミック金融危機　67
実質GDP　2
資本資産価格決定モデル　103, 116
資本資産評価モデル　103
資本市場線　106
弱定常性　50
収益率　92
自由度　31
条件付き分散　20, 143
上昇トレンド　3
状態空間モデル　89
情報量規準　85
ショック　49, 137
シングルインデックスモデル　119
信頼区間　31

スペシフィケーション　22
スミソニアン合意　45

正規過程　20
正規性検定　29, 62
正規分布　20

相関行列　28

索　引

相関係数　22
総乗数　42

タ 行

対数尤度関数　148
ダイナミックエコノメトリクス　73
多重共線性　39
単位根　18, 25
単位根仮説　32
単位根検定　27, 35, 41, 60

超過収益　103
超過尖度　29, 62
長期乗数　42
　　──の公式　44

定常過程　5
デュレーション　110

特性方程式　74
ドリフト付きランダムウォークモデル　50, 128
トレンド　8
　　──の除去　8, 53
トレンド定常（過程）　38, 53

ナ 行

日経平均株価指数　3, 21, 82
　　──の連続複利変化率　84

ハ 行

バブル崩壊　45
反転可能性　54, 78

非決定的確率過程　38
非定常過程　5
非反転可能性　54
標準正規分布　29, 62
標準偏差　25, 28, 31, 62
標本自己相関係数　30
標本相関係数　62

標本標準偏差　62
標本平均　62

不均一分散　123, 132
ふろしき検定　84
分散投資　101
分数和分モデル　135
分布ラグモデル　9, 25

平均　15, 28, 62
平均収益率　95
ベータ値　108
偏自己相関　77

ポートフォリオ　91, 111
ボラティリティ　126, 135
ボラティリティクラスタリング　130, 139, 143
ボラティリティフィードバック仮説　153
ホワイト化　34
ホワイトノイズ　20, 26, 71

マ 行

マネーサプライ　36
マルチコ　39

見せかけの回帰分析　50
ミューチュアルファンド　111

ヤ 行

有効フロンティア　104
尤度比率テスト　152

ラ 行

ラグ　10
ラグオペレータ　53
乱数表　18
ランダムウォーク　20, 127

リスク　20, 96, 102, 128, 137
リスクフリーレート　105

リターン　92
臨界値　27, 40

レバレッジ効果　152, 155, 157

ワ 行

歪度　29, 62
和分の次数　49

欧 文

AIC　85
arbitrage possibilities　20
arbitrage pricing theory （APT）　118
augmented Dickey-Fuller （ADF）検定　41
autocorrelation function（ACF）　15, 30
autoregressive（AR）　16, 54
autoregressive conditional heteroscedasticity （ARCH）　125
autoregressive distributed lag （ADL）　41
autoregressive moving average （ARMA）　79, 82, 125

BA 株　93
BBM モデル　160
Boots 株　93

capital asset pricing model （CAPM）　103, 116, 121
cointegration　9, 73
CONS　27
correlogram　16

data generation process（d.g.p）　49
DCONS　27
decomposition theorem　75

deterministic non-stationarity model 53
deterministic trend 38
Dickey-Fuller (DF) 検定 21, 27, 40, 55
Dickey-Fuller distribution 33
difference stationary series 19
differenced stationarity 38
differencing 14
distributed lag 9
Durbin-Watson (DW) 比 27, 33, 55

efficient portfolio 104
error term 9
European Monetary Union (EMU) 130
excess kurtosis 29
exponential GARCH (EGARCH) 136, 153

fractionally integrated GARCH (FIGARCH) 135, 160

Gauss 過程 20
generalized ARCH (GARCH) 135, 149
generalized error distribution (GED) 154
GJR モデル 135, 153, 155
GLS 推定量 123
GMM 推定量 123
Granger の因果性 52, 132

heteroscedasticity 132

homoscedasticity 132

independent, identically distributed (iid) 72
INFLAT 35
information criteria 85
integrated GARCH (IGARCH) 135, 158
invertibility condition 78

Jensen's アルファ 111

lag 10
Ljung-Box の検定 83

minimum variance portfolio (MVP) 104
Monte Carlo 法 56
moving average (MA) 49, 71
multicolinearity 39

normality test 62
null-hypothesis 12

OLS 推定式 26
opportunity curve 98
ordinary least squares (OLS) 9, 24

partial autocorrelation function 77
Peason の調整済 χ^2 適合度検定 147
Phillips-Perron (PP) 検定 41, 60
portfolio 91

Q 統計量 83, 152

random walk with drift 50, 128
rational expectation 121
response surface 33

SBIC 85
serial correlation 16
single index model (SIM) 119
skewness 29
spurious regression analysis 50
stochastic non-stationary process 51
stochastic process 8
stochastic trend 38
Student-t 分布 12, 31, 152

τ 検定 56
total multiplier 42
trend stationarity 38

unit root 18
unit-root hypothesis 32
univariate time series 14

volatility clustering 130
volatility feedback hypothesis 153

weak stationarity 50
Wold の分解定理 75

Yule-Walker 方程式 77

著者略歴

市川博也（いちかわひろや）

1942年　東京都に生まれる
1968年　慶應義塾大学大学院経済学研究科修士課程修了
1971年　ビクトリア大学（ニュージーランド）Ph.D.（経済学）
1975年　ジョンズ・ホプキンス大学高等国際問題
　　　　研究大学院（SAIS）講師
1990年/96年　経団連産業政策部長，国際経済部長など歴任
1997年　上智大学比較文化学部教授，比較文化研究所所長
2002年　オックスフォード大学客員教授
2006年　上智大学大学院グローバル・スタディーズ
　　　　研究科教授，国際教養学部教授
現　在　国際教養大学教授，グローバル・ビジネス課程長
著　書　ヘンドリー，ドーニック『PcGiveによる時系列分析
　　　　入門』〔解説・訳〕（日本評論社，2006）

応用ファイナンス講座 2
応用経済学のための時系列分析　　定価はカバーに表示

2007年2月25日　初版第1刷
2008年7月10日　　　第2刷

著　者　市　川　博　也
発行者　朝　倉　邦　造
発行所　株式会社　朝　倉　書　店
　　　　東京都新宿区新小川町6-29
　　　　郵便番号　162-8707
　　　　電　話　03（3260）0141
　　　　FAX　03（3260）0180
　　　　http://www.asakura.co.jp

〈検印省略〉

© 2007〈無断複写・転載を禁ず〉　　教文堂・渡辺製本

ISBN 978-4-254-29587-0　C 3350　　Printed in Japan

横国大 浅野幸弘・
住友信託銀行 岩本純一・住友信託銀行 矢野　学 著
応用ファイナンス講座 1
年金とファイナンス
29586-3 C3350　　　　　　A5判 228頁 本体3800円

公的年金の基本的知識から仕組みおよび運用までわかりやすく詳説〔内容〕わが国の年金制度／企業年金の選択／企業財務と年金資産運用／年金会計／年金財務と企業評価／積立不足と年金ALM／物価連動国債と年金ALM／公的年金運用／他

明大 刈屋武昭編著
リスクの経営シリーズ
天候リスクの戦略的経営
―EaRとリスクスワップ―
29576-4 C3350　　　　　　A5判 192頁 本体4000円

気温リスクマネジメントを立案する方法と、気温変動の時系列モデル化の方法を実例に沿って詳説〔内容〕企業活動と気温変動リスク／天候リスクと事業リスクEaR分析法／予測気温確率分布の導出／東京電力と東京ガスのリスクスワップ／他

名市大 宮原孝夫著
シリーズ〈金融工学の基礎〉1
株価モデルとレヴィ過程
29551-1 C3350　　　　　　A5判 128頁 本体2400円

非完備市場の典型的モデルとしての幾何レヴィ過程とオプション価格モデルの解説および活用法を詳述。〔内容〕基礎理論／レヴィ過程／レヴィ過程に基づいたモデル／株価過程の推定／オプション価格理論／GLP&MEMMオプション価格モデル

南山大 田畑吉雄著
シリーズ〈金融工学の基礎〉2
リスク測度とポートフォリオ管理
29552-8 C3350　　　　　　A5判 216頁 本体3800円

金融資産の投資に伴う数々のリスクを詳述〔内容〕金融リスクとリスク管理／不確実性での意思決定／様々なリスクと金融投資／VaRとリスク測度／デリバティブとリスク管理／デリバティブの価格評価／信用リスク／不完備市場とリスクヘッジ

南山大 伏見正則著
シリーズ〈金融工学の基礎〉3
確率と確率過程
29553-5 C3350　　　　　　A5判 152頁 本体3000円

身近な例題を多用しながら、確率論を用いて統計現象を解明することを目的とし、厳密性より直観的理解を求める理工系学生向け教科書〔内容〕確率空間／確率変数／確率変数の特性値／母関数と特性関数／ポアソン過程／再生過程／マルコフ連鎖

早大 谷口正信著
シリーズ〈金融工学の基礎〉4
数理統計・時系列・金融工学
29554-2 C3350　　　　　　A5判 224頁 本体3600円

独立標本の数理統計学から説き起こし、それに基づいた時系列の最適推測論、検定および判別解析を解説し、金融工学への橋渡しを詳解したテキスト〔内容〕確率の基礎／統計的推測／種々の統計手法／確率過程／時系列解析／統計的金融工学入門

慶大 枇々木規雄・数理システム 田辺隆人著
シリーズ〈金融工学の基礎〉5
ポートフォリオ最適化と数理計画法
29555-9 C3350　　　　　　A5判 164頁 本体2800円

「実際に使える」モデルの構築に役立つ知識を散りばめた実践的テキスト。〔内容〕数理計画法アルゴリズム／実行可能領域と目的関数値／モデリング／トラブルシューティング／平均・分散モデル／実際の計算例／平均・リスクモデル／感度分析

立命大 小川重義著
シリーズ〈金融工学の基礎〉6
確率解析と伊藤過程
29556-6 C3350　　　　　　A5判 192頁 本体3600円

確率論の基本、確率解析の実際、理論の実際的運用と発展的理論までを例を豊富に掲げながら平易に解説〔内容〕確率空間と確率変数／統計的独立性／ブラウン運動・マルチンゲール／確率解析／確率微分方程式／非因果的確率解析／数値解法入門

法大 浦谷 規著
シリーズ〈金融工学の基礎〉7
無裁定理論とマルチンゲール
29557-3 C3350　　　　　　A5判 164頁 本体3200円

金融工学の基本的手法であるマルチンゲール・アプローチの原理を初等的レベルから解説した書。教養としての線形代数と確率論の知識のみで理解できるよう懇切丁寧に詳解する。〔内容〕1期間モデル／多期間モデル／ブラック-ショールズモデル

一橋大 渡部敏明著
シリーズ〈現代金融工学〉4
ボラティリティ変動モデル
27504-9 C3350　　　　　　A5判 160頁 本体3600円

金融実務において最も重要な概念であるボラティリティの役割と、市場データから実際にボラティリティを推定・予測する方法に焦点を当て、実務家向けに解説〔内容〕時系列分析の基礎／ARCH型モデル／確率的ボラティリティ変動モデル

上記価格（税別）は2008年6月現在